Typisch deutsch?

Typisch deutsch? REVISED

by VIOLA HERMS DRATH

Questionnaires and vocabulary by

OTTO G. GRAF
University of Michigan

Illustrated by
RUDOLF GRIFFEL

HOLT, RINEHART AND WINSTON
New York   Toronto   London

About the author:

VIOLA HERMS DRATH was born in Düsseldorf, Germany, and educated in that country. She received her M. A. degree in Germanic Literature and Languages from the University of Nebraska. She is known in the textbook field through her *Reporter in Deutschland* and *Die komplizierten Deutschen.*

Viola Drath began her writing career as a *Dramaturg* at a Berlin theater and later served as writer for a film company. Her plays, *Leb wohl Isabell*, originally produced by Curd Jürgens, and *Kein Verlaß auf eine Frau*, were performed throughout West Germany. Several of her radio plays have been produced in this country and she has made numerous appearances on National Educational Television.

Currently she is Washington correspondent and columnist for *Madame* magazine, published in Munich. Her articles, essays, and stories have been published in the *Prairie Schooner*, literary magazine of the University of Nebraska, *Commentary*, the *National Observer*, the *Chicago Tribune*, Peter Publications, fourteen German language weeklies whose editor she was for a decade, the *Süddeutsche Zeitung*, and the *Deutsche Zeitung* as well as other publications here and abroad.

Copyright © 1969 by Holt, Rinehart and Winston, Inc.

Previous Edition Copyright © 1961 by Holt, Rinehart and Winston, Inc.

All Rights Reserved

Library of Congress Catalog Card Number: 69-11760

Printed in the United States of America

03-080005-6

9012345678 40 987654321

FOREWORD

This is a lighthearted and humorous book about the Germans for those who do not take themselves and others too seriously. In fourteen vignettes, short stories and playlets about persons from all walks of life, this intermediate reader attempts to characterize the mores and manners which are "typically" German and contrasts them with American attitudes.

Polemic hairsplitters, who maintain that there is nothing typically German, nor typically American for that matter, will be happy to sense general agreement with their contention. Yet, there are a few things about the Germans, their peculiar sense of dignity, the *Wanderlust*, their love of footnotes (shared in like degree only by Americans) and their passion for hard work and fresh air, which strike one as "typical." This may never pass for the definitive analysis of the German soul, but it might provide some insight into German life, a bit of amusement and an off-beat opportunity to learn something about "die schreckliche deutsche Sprache!"

The gay spirit of the book is happily interpreted in line and form by the talented German cartoonist, Rudolf Griffel.

Professor Otto Graf of the University of Michigan has complemented the text with a variety of questions for each chapter and a complete vocabulary. A number of stimulating exercises are especially designed for oral-aural drill.

FOREWORD TO THE SECOND EDITION

The reception of this high-spirited book by teachers and students has been most gratifying.

We, therefore, have revised and brought up-to-date the entire text, changing and adding whole passages, and replacing two chapters with more topical ones about students and the wave of popular panel discussions which has swept through Germany. The vocabulary and questions have been reviewed and edited.

Best of all, the talented Rudolf Griffel has again been persuaded to enrich the book with a set of brand new illustrations.

V. H. D.

INHALTSVERZEICHNIS

Typisch deutsch?

Jede Nation spottet über die
andre, und alle haben recht!

Schopenhauer

1 · SIND WIR WIRKLICH SO?

von Dr. Dr. Max Schmidt-Meier

Vieles ist über den Charakter der Deutschen gesagt worden. Vieles ist nicht gesagt worden. Vieles wird nie gesagt
werden, weil sich das Charakteristerische der Nationen
immer mehr verliert.

5   Noch vor hundert Jahren konnte man von deutscher
Malerei und Literatur oder von deutscher romantischer
Musik sprechen. Heute können selbst die Experten die
deutsche Malerei nicht von der amerikanischen oder französischen unterscheiden. Die modernen abstrakten Bilder

10 in den deutschen Kunstgalerien sind genau so farben-
freudig-anonym wie die Abstraktionen im Guggenheim-
Museum in Neuyork. Die Musik am Rhein und Hudson
ist avangardistisch. Die Bücher der jungen skeptischen

1

Autoren sind mürrisch und melancholisch, ob sie nun in
San Francisco oder in München zu Papier gebracht werden. Die Lyrik der fortschrittlichen Dichter ist zumeist
konfus. Sie wird selbst durch die Übersetzung[1] von einer
Sprache in die andere nicht klarer.   5

Trotz des Konformismus der westlichen Nationen in
Kunst und Wissenschaft, leben viele der traditionellen
Vorstellungen der Völker voneinander weiter.

Wenn Deutsche von Amerikanern reden, denken sie an
jungenhafte, energische Geschäftsleute, die ihre Füße auf   10
dem Schreibtisch kreuzen, viel Whiskey trinken und dabei

---

[1] Professor Dr. Translateur beweist in seiner Studie „Klarheit durch Übersetzung", daß auch die tiefste deutsche philosophische Schrift durch Übersetzung an Klarheit gewinnt. Als Beispiel gibt Dr. Translateur Stellen aus
Heideggers Existenzphilosophie, die in der englischen Übersetzung sogar
andere Philosophen verstanden haben. Allerdings greift Dr. Paul Kontra-
mann diese Theorie in „Mystik der Sprache" heftig an.

Aktien und Fußball diskutieren. Sie rasen im mörderischen Tempo von Konferenz zu Konferenz, essen schnell ein Sandwich im „drugstore" und haben natürlich ein Magenleiden. Die Amerikanerin stellen sie sich dünn,
5 etwas neurotisch und sehr verwöhnt vor. Sie verbringt den Tag auf dem Sofa und liest das „Ladies Home Journal." Ab und zu drückt sie auf einen Knopf, der die Waschmaschine, den Staubsauger oder den Fernsehapparat in Gang setzt. Sie kocht aus Büchsen, oder sie kauft die
10 Mahlzeiten fertig im „supermarket." Von dem amerikanischen Kind glauben sie zu wissen, daß es laut und wild ist. Denn die amerikanische Mutter hat aus den Frauenmagazinen gelernt, daß Disziplin für die normale psychologische Entwicklung ihres Kindes nicht gut ist.[2]

---

[2] Fünf Neuyorker Ärzte bewiesen nach langen Testen das Gegenteil.

So ist es kein Wunder, wenn die Amerikaner ähnlich merkwürdige Vorstellungen von den Deutschen haben. Die Ergebnisse einer Umfrage[3] unter amerikanischen Studenten bestätigen das.

Statistiken sind zwar oft trocken. Sie können aber auch 5 unterhaltend sein und unerwartete Einblicke geben.

Zum Beispiel wurde die Frage: Wiegen deutsche Frauen über 25 durchschnittlich 180 Pfund? von 75 Prozent der Stundenten mit Ja beantwortet. Nur zwei Prozent antworteten Nein, und 23 Prozent hatten keine Meinung.[4] 10

Die Umfrage wurde von dem M.N.O. Institut für öffentliche Meinung[5] unter den Studenten des Academy Colleges[6] in Indiana[7] angestellt. Aus dem Bericht[8] des Instituts folgen hier einige Proben.

Frage: Wird in Deutschland mehr Bier getrunken als 15 in anderen Ländern?[9] *Antwort:* 81% Ja; 9% Nein; 10% keine Meinung. (Es ist eine bekannte Tatsache, daß die Liberier und Belgier mehr Bier trinken als die Deutschen.)

Frage: Glauben Sie, daß die Deutschen besonders gern

---

[3] Die erste Meinungsumfrage machte die amerikanische Zeitung „Harrisburg Pennsylvanian" im Jahre 1824. Im Jahre 1912 publizierte der Werbefachmann Roy O. Eastman die erste Marktstatistik.

[4] Die amerikanischen Studentinnen beantworteten diese Frage sogar zu 89 Prozent mit Ja.

[5] Das Institut wird seit 31 Jahren von dem bekannten Statistiker Dr. Otto Neugier geleitet.

[6] Das Academy College gehört nicht zur „North Central Association of Colleges and Secondary Schools."

[7] Indiana ist ein Staat im Mittelwesten Amerikas mit 4 533 361 Einwohnern (Statistik vom Jahre 1960). La Salle (1643–1687) besuchte das Gebiet, als es noch zu Frankreich gehörte, bereits im Jahr 1669.

[8] 120 Fragen wurden in 9 Kategorien eingeteilt, die wiederum in 18 Unterkategorien eingeteilt wurden.

[9] Nach den Statistiken des Vereins für Bierbrauer vom Januar 1958 trinkt der Bundesbürger 68 Liter Bier im Jahr. In Bayern kommen 129,7 Liter Bier auf den Einwohner.

arbeiten? *Antwort*: 79% Ja; 14% Nein; 7% keine Mei, nung.[10]

Frage: Neigen die Deutschen zur Pedanterie[11] und Bürokratie? *Antwort*: 95% Ja; 15% Nein; 40% keine Meinung. (Das M.N.O. Institut hat bisher noch keine Erklärung für die Diskrepanz der Ziffern gegeben. Dr. Neugier arbeitet an einem besonderen Bericht darüber, der im März unter dem Titel „Statistik der Statistik" erscheinen wird.)

Frage: Sind die Deutschen sentimental? *Antwort*: 50% Ja; 45% Nein; 5% keine Meinung.

Frage: Ist der Deutsche ein Konformist? *Antwort*: 89% Ja; 3% Nein; 8% keine Meinung.

Frage: Ist der Deutsche ein Individualist? *Antwort*: 88% Ja; 4% Nein; 8% keine Meinung. (Von großem Interesse ist hier die Tatsache, daß die Deutschen zugleich als Konformisten und Individualisten angesehen werden.)[12]

Frage: Sind die deutschen Kinder schüchtern und gehemmt?[13] *Antwort*: 68% Ja; 13% Nein; 19% keine Meinung.

Die Fragen, ob die Deutschen Krakeeler sind, die sich gern in die Angelegenheiten anderer Leute mischen, und ob sie Musik lieben, wurden von 83 Prozent der Studenten mit Ja beantwortet.

---

[10] Das Phänomen der deutschen Arbeitslust ist seit Jahrhunderten erörtert worden. Viele der modernen Soziologen, wie auch schon Tacitus (55?–117?), bringen die Liebe zur Arbeit unter den Deutschen mit dem etwas rauhen, aber anregenden Klima in Zusammenhang.

[11] Die deutsche Gründlichkeit wird oft mit Pedanterie verwechselt.

[12] In seinem Werk „Germania" spricht Tacitus vom „Zwiespalt" im deutschen Charakter. In seinem „Faust" spricht auch Goethe von diesem Zwiespalt: „Zwei Seelen wohnen, ach, in meiner Brust. . . ."

[13] Fünf Neuyorker Neurologen bestätigten das in einem Bericht vom 5.9.1931.

5

Wie sieht nun dieses Porträt des Deutschen aus, das die jungen Amerikaner skizziert haben? Sind wir wirklich so? Sind wir diese biertrinkenden Krakeeler, die ihre Nase in alles stecken und die Musik lieben, diese sentimentalen Pedanten und Bürokraten, diese individualistischen Kon- [5] formisten, die so besonders gern für ihre dicken Frauen und schüchternen Kinder arbeiten?

Oder sind wir sentimentale Biertrinker und musikliebende Bürokraten und Pedanten, die ihre Nase in alles stecken und die Arbeit so lieben, weil wir schüchterne [10] Kinder und dicke Frauen haben und außerdem noch den konformen Individualismus vertreten?

Diese Fragen müssen leider offen bleiben, bis die Arbeit von Professor Dr. Dr. Selig abgeschlossen ist. Dr. Dr. Selig hat es sich zur Lebensaufgabe gemacht, den Charak- [15] ter der Deutschen zu analysieren. Seine „Einführung in die Psychologie des Volkes der Mitte[14] unter Berücksichtigung des phonologischen Systems nach der zweiten Lautverschiebung", ein Werk in acht Bänden, wird von den Gelehrten mit Spannung erwartet. [20]

Da das Werk aber noch nicht vorliegt, muß ich meine Leser bitten, ihre eigene Meinung zu formen.[15]

---

[14] Thomas Mann (1875–1955) hat das deutsche Volk gern als „Volk der Mitte" bezeichnet.
[15] Die jüngere Generation der Anthropologen, Psychologen und Soziologen vertritt den radikalen Standpunkt, daß man ein Volk am besten durch persönlichen Kontakt kennenlernt.

Wie sehr sich die Geschichte
Deutschlands in den Hochschu-
len abspielt, hat etwas Er-
schreckendes.

Rudolf Walter Leonhardt

2 • STUDENTENROMANTIK EINST UND JETZT

Wie die fahrenden Scholaren im Mittelalter zwischen Bo-
logna, Padua und Paris pendelten, später auch zwischen
Wien, Prag und Heidelberg, so zieht die akademische
Jugend heute von Kontinent zu Kontinent. Für die Studenten ist die Welt in der Tat ein globales Dorf. Man studiert
5 ein paar Semester in Berkeley, Berlin oder Paris, oder auch
umgekehrt. Und es gibt kaum einen jüngeren deutschen
Professor, der nicht Harvard oder Yale Stipendiat war.
Einige studierten außerdem noch in Moskau.
Die jungen Leute haben sich in der Welt umgesehen und
10 manches gefunden, was ihnen nicht behagt, was ihnen ungerecht, intolerant und hypokritisch erscheint. Und es ist
kein Zufall, daß die Studenten, ob sie nun in Columbia,
Berkeley, Heidelberg, Cambridge oder der Sorbonne studieren, zu den gleichen Resultaten kommen. Denn die
15 Krankheitssymptome unserer technologischen Massenzivili-

7

sation sind weltweit. Diese humanistischen Weltbürger bilden eine Art Klub. Sie sind eine international denkende Avantgarde, die ein globales Gewissen hat.

Von Harvard nach Heidelberg ist es ein Katzensprung. Der Student aus Wisconsin oder Colorado wird sich in 5 Würzburg, Marburg oder Tübingen sofort zu Hause fühlen. Wenn er will, kann er beim nächsten teach-in, sit-in oder go-in leicht die Bekanntschaft hübscher blonder Studentinnen machen. Auch findet man schnell Freunde, wenn man Arm in Arm in Zwölferreihen im Protest durch die roman- 10 tischen alten Straßen marschiert!

Wer nun aber in deutschen Landen nach der Studentenromantik Alt-Heidelbergs sucht, kann lange suchen. Die lebt nur noch in alten Hollywoodfilmen, kabarattistischen Satiren und in den Köpfen einiger alter Herren weiter. 15 Großväter erzählen gern tolle Geschichten aus ihrer Studentenzeit. „O, alte Burschenherrlichkeit, wohin bist du entschwunden ..." seufzen sie dann und summen das beliebteste Studentenlied von damals vor sich hin. Dabei denken sie an ihre fröhliche, unbeschwerte Studienzeit in Göttingen, 20 Greifswald, Freiburg oder Jena. Halb sentimental, halb stolz erinnern sie sich an jene Zeiten, wo der Konsum von Bier, die Anzahl der Mensuren und Schmisse und blonde Wirtinnen von Gasthöfen, die alle „Zur Linde" hießen, die heroischen Akzente ihres studentischen Daseins darstellten. 25

Gewiß, Mark Twain würde in Heidelberg sofort die Szenerie wiedererkennen! Die engen winkligen Gassen und Straßen, die stillen romantischen Pfade am Neckar, die lieblichen grünen Berge, die alte, theatralisch angestrahlte Schloßruine und die Kneipen sind alle noch da. Aber sein 30 Bericht über Leben und Bräuche der Studenten würde weniger sensationell ausfallen, weil er seinen amerikanischen Lesern nicht viel Neues zu erzählen hätte.

Heidelbergs romantische enge Winkel sind vollgestopft mit gebrauchten Volkswagen, schneidigen MGs, vereinzelten „Jags" und Motorrädern. Und Mensa und Hörsäle wimmeln von kontaktfreudigen Studentinnen in Stiefeln und Mini-Röcken. Dafür sind Lindenwirtinnen fast so rar wie farbentragende Studenten.

Vielleicht wird das schöne Lied von der Burschenherrlichkeit noch in irgendwelchen Korps und Burschenschaften gesungen. Aber man hört es nicht. Es wird vom Klang demonstrierender Fußtritte und Protestrufe übertönt.

Vergangen ist inzwischen auch die Ermahnung der Po-

litiker, Professoren und Eltern, daß die Studenten sich am politischen Leben beteiligen sollen. Sie beteiligen sich! Wenn auch längst nicht alle! Aber das ist den meisten Bundesbürgern auch wieder nicht recht. Die Studenten beteiligen sich zu sehr! Sie sollten ihren akademischen 5 Elfenbeinturm wohl nur ein bißchen verlassen! Sie sollten nur ein bißchen mitmachen, so, daß es nicht stört! Jetzt stören die Studenten. Sogar sehr. Sie wollen Hochschulreformen, seit fast zwanzig Jahren schon. Sie wollen Mitbestimmung der Arbeiter in den Be- 10 trieben. Sie wollen zum Schrecken der Bonner Politiker die Deutsche Demokratische Republik, also das kommunistische Ostdeutschland, ganz ohne Gänsefüßchen schreiben, was einer Anerkennung gleichkommt. Außerdem sind sie gegen ehemalige Nazis in der Regierung, gegen Zeitungs- 15 monopole, sogenannte Große Koalitionen, Diktaturen in Griechenland und Iran, Notstandsgesetze, die ihrer Meinung nach einem „starken Mann" den Weg zur Diktatur ebnen, Dschungelkriege und manches andere.

Weil Bonn so tat, als existierten sie nicht, schafften sich 20 die Studenten, die diese Dinge besorgten, durch Demonstrationen Gehör. Es gab blutige Zusammenstöße mit Polizei und Behörden, Verwundete, Verhaftete und Tote. Mit einem Schlage wurden ihre Führer berühmt. Das Fernsehen riß sich um sie. In einer Flut von Artikeln erfuhr der Leser 25 über Leben und Gedanken von Rudi Dutschke, Wolfgang Lefèvre, Dr. Klaus Meschkat, Bernd Rabehl, Knut Nevermann, Uwe Bergmann und die Brüder Wolff, um nur einige der Prominenten zu nennen.

Immerhin brachten sie den Berliner Senat ins Wanken 30 und zwangen Bürgermeister und Polizeipräsident zum Rücktritt.

Die Bürger beklagen sich über Gewalttätigkeiten. Die

Politiker denken erschrocken an ihre Karrieren—an Frankreich — und an ihre Karrieren.

Als außerparlamentarische Opposition hat sich die studentische Linke etabliert. Wie Marx lehrt, will sie aus der
5 Kritik an der alten Welt die Basis einer neuen Gesellschaft
schaffen. Sie will die Welt verändern, nicht reformieren. Diejenigen, die für Reformen sind, schütteln besorgt die Köpfe.
Eine radikale Minorität! verkünden Politiker und Haus-
10 frauen!

Ja aber, — in Berlin demonstrierten zum 1. Mai 1968
an die 50 000, obwohl es eine offizielle, vom Bürgermeister
geleitete Parade gab. In anderen Universitätsstädten mar-
schierten sie zu Zehntausenden über die Marktplätze.

15 Für die Rechte ist das alles kein Rätsel. Die weiß es
genau: Das Ganze ist eine kommunistische Verschwörung!
Und nun werden schon wieder Stimmen laut, die sagen,
was wollen die jungen Leute eigentlich? Der Bundesbürger
will seine Ruhe haben.

20 „Hätte ich gewußt, daß Sie Student sind, hätte ich Ihnen
das Zimmer nicht vermietet", sagt Frau Boll zu Jack Carter
aus San Diego, der ein paar Semester in Berlin studiert.
„Studenten sind Krawallmacher." Nichts paßt ihnen!
Dabei kriegen sie alle genug Geld von zu Hause, oder sie
25 haben ein Stipendium vom Staat. Das ist Dankbarkeit!
Wenn sie mal mit dem Studium fertig sind, warten gut-
bezahlte Posten auf sie. Da können sie sich alles kaufen,
was unsere Wohlstandsgesellschaft zu bieten hat!" meint
sie ärgerlich.

30 „Es geht ja nicht um Waschmaschinen . . ." erwidert
Jack Carter schüchtern.

Zweifellos sind es die ersten Rebellen, die in Volkswagen
zu den Protestmärschen fahren.

„Studieren, nicht protestieren!" heißt das Schlagwort der reaktionären Springer Presse.

„Sollen sie doch erst mal was leisten, ehe sie die Regierung kritisieren!" meinen sozialdemokratische Politiker plötzlich böse. Es sind dieselben „Liberalen", die die Studenten zur Teilnahme am politischen Leben aufgefordert hatten. Zur Teilnahme, aber nicht zur Kritik!

Ein junger Innenminister wollte dem Protestieren einfach durch das Verbot des aktiven Sozialistischen Deutschen Studentenbundes ein Ende machen.

Tatsächlich sind demonstrierende Studenten etwas Neues in Westdeutschlands ordentlicher chromeglänzender Wirtschaftswunderlandschaft. Die ungeduldigen, selbstsicheren jungen Leute mit ihren Bärten, langem Haar, Cordsamthosen, Stahlbrillen, verknautschten Hemden und mini-gekleideten Mädchen nehmen sich ebenso fremd vor mittelalterlichen Brunnen aus wie vor den Institutionen aus Beton und Stahl.

„Seht Euch diese Typen an!" höhnte Berlins Bürgermeister Klaus Schütz.

Unheimlich ist dem deutschen Bürger und Parlamentarier auch die internationale studentische Solidarität. Dieses Mitprotestieren, diese Sympathiekundgebungen, wenn in Paris oder Washington demonstriert wird, will keiner recht verstehen. Dabei handelt die akademische Jugend nur danach, was alle erkannt haben, daß die Bewohner dieser zusammengeschrumpften Erdkugel die gleichen Interessen, die gleichen Anliegen haben, haben müssen.

Nicht nur Atomkriege und Überbevölkerung bedrohen die menschliche Existenz und Freiheit, warnt die außerparlamentarische Opposition, sondern auch das Establishment. Es ist jene undurchsichtige, anonyme Bürokratie, jene verwissenschaftlichte Welt, der abstrakte Apparat der Verwaltung an sich, der den Menschen im Zeitalter der Computer im Westen und im Osten versklavt und entmenschlicht, — den Menschen sich selber und seinen Produkten entfremdet.

Deshalb sind sie antiautoritär.

Suspekt wurde die Linke, als sie Marx wiederentdeckte, der schon vor hundert Jahren voraussagte, daß sich die „totgeschlagene Materie" eines Tages als Herrschaft über den Menschen erheben wird.

Prophet wurde jedoch der in Berlin geborene, 1933 zur Emigration gezwungene Professor Herbert Marcuse, der Schwarm kalifornischer Hippie-Studenten. Er kehrte als fast Siebzigjähriger im Triumph in seine Heimatstadt zurück. „In der totalitären technologischen Gesellschaft ist Freiheit nur noch denkbar als Autonomie über das Ganze des Apparates, und dazu gehört die Freiheit, ihn zu reduzieren oder als Ganzes zu rekonstruieren", schrieb er im Oktober 1964. In einer totalen Verwaltung, postuliert Marcuse, kann jedoch nicht der mit seinem Fernsehapparat und Kühlschrank in „komfortabler Unfreiheit" lebende Arbeiter Revolution machen, sondern nur die nicht etablierte, revolutionswillige Jugend.

Typisch deutsch ist es vielleicht, daß die Außerparlamentarier aus Marx, Marcuse und Maos Konzept der permanenten Revolution eine Ideologie zurechtzimmerten. Sie träumen von einer Welt, in der es weder Unterdrückte noch Entmachtete gibt, von einer Demokratie, die von unten nach oben aufgebaut ist, einer Selbstverwaltung in allen Bereichen, das heißt, einer Demokratisierung der Universitäten und Betriebe, der gesamten Gesellschaft. Sie stellen sich eine Rätedemokratie vor, deren Mitglieder jederzeit abwählbar sind, damit sich keine neue Bürokratie festsetzen

13

kann. Ihr Ideal ist eine herrschaftsfreie Gesellschaft, in der jeder für den Staat mitverantwortlich ist.

Romantischer Unsinn! sagen die Politiker. Anarchismus! schreien andere. Und alle verlangen Ruhe und Ordnung. Sollen die Studenten zurück in den Elfenbeinturm? Zurück zu Biertrinkwettbewerben und Lindenwirtinnen? Mittlerweile erinnern sich Professoren und Leitartikler, daß Scholaren nie besonders beliebt waren. Der Bürger mißtraut den Studenten schon seit 800 Jahren. Und der Student hat den Bürger genauso lange als Philister verachtet. Aus den Universitätsannalen lernt man, daß alles schon mal dagewesen ist, selbst Hochschulreform und Gewalttaten. Bereits im 12. Jahrhundert beriefen und entließen Studenten ihre Professoren! Ja, sie organisierten sogar ihren Studienplan! Im Jahre 1501 verbot die Heidelberger Universität den Studenten, die Examensräume mit langen Messern zu betreten. Scheinbar warf die akademische Jugend damals auch während der Vorlesungen im Protest mit Erdklumpen und Steinen um sich.

Zum erstenmal mag so mancher Bundesbürger heimlich mit den Einwohnern von Celle sympathisieren, die 1705 die Wahl zwischen dem Bau einer Universität und einem Gefängnis hatten. Sie stimmten für das Gefängnis.

Einige Politiker werden weniger nervös an die recht friedliche Märzrevolution von 1848 denken, bei der die Studenten ja auch eine Rolle spielten.

Nachdem der Bundesbürger mit Erleichterung festgestellt hat, daß rebellische Studiosi wie Wein, Weib und Gesang zur studentischen Tradition gehören, tröstet er sich mit der Tradition. Tradition, das klingt nach Ordnung.

Im übrigen stimmt man mit dem weisen Goethe überein, dem zu jeder Situation etwas Gescheites eingefallen ist:

Wenn Jugend ein Fehler ist, so legt man ihn sehr bald ab!

Das muß ein schlechter Deutscher sein,
dem niemals fiel das Wandern ein. ...

3 · ORGANISIERTE WANDERLUST

„Das Wandern ist des Müllers Lust, das Wandern, das
Wandern ...", so beginnt eines der beliebtesten deutschen
Volkslieder.
Wer möchte einem so schönen, alten Volksliede wider-
5 sprechen? Und doch muß es einmal gesagt werden: wan-
dernde Müller gibt es kaum in Deutschland! Aber
wandernde Sekretärinnen, Lehrer, Bankangestellte und
Postbeamte gibt es zu Tausenden.
Von der Ostsee bis zu den Alpen trifft man Wanderer
10 mit Rucksäcken, die singend und schwitzend zu Fuß durch
Wald und Feld von Jugendherberge zu Jugendherberge
laufen. Und überall rasen moderne motorisierte Wander-

15

lustige auf den Landstraßen in der Staubwolke anderer
Wanderlustiger durch die Natur, um am Abend ihre Zelte
auf einem überfüllten Campingplatz aufzuschlagen.
Die Deutschen sind große Naturliebhaber. Bei der ro-
5 mantischen Landschaft mit den blauen Bergen, Seen und
rauschenden Wäldern ist das nicht überraschend. Ganz
Deutschland gleicht einem großen Park, der zum Wandern
einladet. Allerdings glaubt mein Freund Heinz Boll, daß
nicht etwa die schöne Natur Ursache der deutschen Wan-
10 derlust ist, sondern die offiziellen Wandertage der Schulen.
Jeder Deutsche denkt glücklich an diese Wandertage
zurück, an denen ihn die Wanderung durch blühende Wiesen von Algebra und Grammatik befreite. So ist es wohl
möglich, daß seine Liebe zur Natur und zum Wandern
15 etwas mit jener Flucht vor dem Klassenzimmer zu tun hat.
Gewiß ist, daß die Wanderlust den Deutschen an jedem
Sonntag packt. Er macht einen Spaziergang durch den
Wald, oder er geht am Fluß entlang. Auch fährt er gern
mit dem Fahrrad oder dem Autobus ins Grüne. Picknicks
20 sind nicht besonders beliebt. Wahrscheinlich weil zu jedem
Ausflugsort, ob es nun eine Ruine, ein Berg oder ein See ist,
ein Restaurant gehört. Unter schattigen Bäumen konsumieren die Wanderer phantastische Mengen von Kuchen
mit Schlagsahne und Brauselimonade.
25 Auch meine Freunde Heinz Boll und seine Frau Helga
bekommen an Sonntagen die Wanderlust. Helga hatte es
sich seit langem in den Kopf gesetzt, auch in mir die Begeisterung für die Wunder der Natur zu wecken. Denn sie
war davon überzeugt, daß wir Amerikaner überhaupt kein
30 Verständnis für Natur haben.
So stiegen wir an einem sonnigen Sonntagmorgen im
Juli in den Zug nach Starnberg. Eine Idee, die fast alle
Münchener hatten. Der Zug war voll von blassen Städtern

17

mit dunklen Sonnenbrillen, die am malerischen Starnberger See Sonne und Erholung suchten. Die Sonne brannte bereits heiß vom Himmel, als wir mit elastischen Schritten am Schwimmbad des Sees vorübergingen. Das blaue Wasser, der saubere Strand und ⁵ das hübsche Restaurant mit den bunten Schirmen sahen einladend aus. Doch Heinz und Helga sind ebenso große Naturliebhaber wie Individualisten.

„Die vielen, vielen Leute! Wie Sardinen liegen sie am Strand nebeneinander", rief Helga spöttisch und warf den 10 Kopf zurück. „Was haben diese armen Menschen schon von der Natur?"

„Ja, mit der Natur muß man allein sein! Als organisierte Masse kann man sie nicht erleben", meinte auch Heinz, der die ganze Woche hinter einem Schreibtisch in 15 einem Reisebüro saß.

Helga atmete feierlich die Luft ein, die frisch von den Alpen über den See wehte. In ihren kurzen Shorts und bequemen Sandalen sah sie besonders unternehmend aus. Nach kurzer Zeit erreichten wir einen schmalen Pfad, der 20 sich durch einen Wald schlängelte.

„Wir haben eine Überraschung für Sie", rief mir Helga fröhlich zu. „Wir werden in einem versteckten kleinen See schwimmen, der garantiert frei von anderen Wanderlustigen ist. Heinz und ich nennen den See 'Mondsee', weil 25 wir dort noch nie ein menschliches Wesen getroffen haben. Es ist nicht weit!" Sie eilte mit leichten Schritten den Pfad entlang und pflückte hier und dort eine Blume. Heinz und ich trotteten etwas langsamer hinterher.

„Wie alles in der Welt, wird auch das Wandern immer 30 mehr zum organisierten Massenvergnügen", bemerkte Heinz ein wenig bitter. „Ich spreche nicht von den ,Pfadfindern', ,Wandervögeln' und anderen Wandervereinen. Ich meine

die Gesellschaftsreisen! Für 240 Mark setzen sich 40 Leute in den Autobus ‚Wandervogel' und bevölkern die spanische Costa Brava. Diese 40 Leute frühstücken zusammen, baden im Mittelmeer, promenieren unter Palmen
5 und bewundern gemeinsam den Sonnenuntergang! Für 100 Mark kann man mit 100 anderen Leuten ein paar Tage am Strand der Nordsee verbringen."

"Sogar das ‚Trampen' ist organisiert", rief Helga und sprang elegant über einen Baumstamm.
10 Ich fand es verwirrend, daß die Deutschen stets vom „Trampen" sprachen, wenn sie „hitchhiking" meinten.

„Heute wartet man nicht mehr im Staub der Landstraße, bis ein gutmütiger Autofahrer einen mitnimmt. Nein, man ruft eine der Mitfahrerzentralen an, die einem eine Fahrt
15 im Auto des Herrn Müller oder Schulze verschafft." Sie steckte sich lachend ein paar blaue Blumen ins Haar. „Und dann die Betriebsausflüge!" setzte sie hinzu.

Ich stolperte über eine Wurzel und sah sie fragend an. „Die Betriebsausflüge sind ein alter demokratischer
20 Brauch", erklärte Heinz. „Einmal im Jahr machen die Betriebe bei uns einen Ausflug. Früher wanderte man zur nächsten Burg — oder zum nächsten Gasthaus. Die Gespräche, die beim Bergsteigen und bei einem Glas Bier geführt wurden, sollten die menschliche Beziehung zwischen
25 Chef und Arbeitern verbessern. Die bessere Beziehung zwischen Arbeitern und Chef aber sollte die Produktion verbessern. . . ."

„Diesen Brauch gibt es in Amerika auch, aber ohne Wandern!" unterbrach ich Heinz. Und dann erzählte ich
30 von unserer letzten fröhlichen „office party", bei der das hübsche Fräulein Dobson um Mitternacht plötzlich auf dem Schoß unseres Generaldirektors saß.

Heinz schmunzelte. „Heute wird auch bei unseren Betriebsausflügen kaum noch gewandert. Mit sechs Autobussen fahren die 363 Angestellten einer Knopffabrik zum ‚Bamberger Reiter.' Nach acht Stunden Fahrt stehen sie halb neugierig und halb verlegen vor so einem Kunstwerk und wissen nicht, was sie machen sollen. Denn sie sind ja 5 nicht da, um ihren kulturellen Horizont zu erweitern, sondern weil der motorisierte Betriebsausflug ein Ziel braucht, wo das von der Firma bezahlte Menu gegessen werden kann." Heinz blieb stehen und wischte sich die Stirn. Es war heiß, und der Pfad war lang, ja endlos. 10

Nach und nach verstummte das Gespräch.

Eine Ewigkeit danach schimmerte es Blau durch die Bäume. In grüne Wiesen und Wälder gebettet, glänzte der See vor uns wie ein riesiger Aquamarin. Dahinter schwebten die Umrisse der Berge zum Greifen nahe. Weiße 15 Schneekuppen ragten zackig in einen blauen Himmel, auf dem silberne Wölkchen mit sanfter Schnelle dahinsegelten. Unter unseren Füßen blühte die bunte Wiese. Schmetterlinge spielten im Winde. Vögel zwitscherten . . .

Der Augenblick war von solchem Zauber, daß Hitze und 20 Durst vergessen waren.

Helga lächelte zufrieden. „Ich freue mich, daß Ihnen unser Mondsee gefällt. Jetzt suchen wir uns einen guten Platz zum Schwimmen, und dann haben wir ein Picknick."

Aber das war leichter gesagt als getan. Bei näherer Be- 25 trachtung wurde es klar, warum keine anderen Wanderlustigen zum Schwimmen gekommen waren. Der Mondsee hatte kein Ufer! Wald und Wiese gingen in eine schlüpfrige Masse über, die mit hohem Schilf bewachsen war. Dieser Schilfgürtel war etwa 50 Meter tief und undurch- 30 dringlich. Dennoch begannen wir optimistisch die Suche nach einer passenden Stelle.

Wir hatten den halben See umkreist, als Heinz erschöpft

die schwere Badetasche ins Gras fallen ließ. Sein Gesicht war rot vor Hitze und Anstrengung. „Von diesem Sonntag werde ich mich die ganze Woche erholen müssen! Da wir uns nicht im See abkühlen können, trinken wir wenigstens 5 etwas Kaltes", schlug er vor.

Doch Helga ließ enttäuscht den Kopf hängen. Sie erinnerte sich genau an eine Stelle, wo das Schwimmen vor zwei Jahren ideal gewesen war.

Meine Füße brannten nach dem langen Marsch. Ich 10 war durstig. Ich dachte an das hübsche Schwimmbad am Starnberger See und riet den Rückzug nach dort an.

Selbst Heinz lehnte diese unsportliche Idee ab. Schweigend setzten wir unsere Wanderung um den Mondsee fort.

Nach einer langen halben Stunde hatte Heinz seine Frau 15 davon überzeugt, daß in zwei Sommern viel Schilf wachsen konnte. Schließlich gab auch Helga auf.

Im kühlen grünen Schatten einer mächtigen Buche

ließen wir uns zum Picknick nieder. Wir hatten aber kaum unser warmes Bier, die etwas vertrockneten belegten Brote und den welken Fruchtsalat ausgepackt, als die Insektenwelt von unserer Ankunft wußte. Erst war es *eine* einsame Fliege, die sich mutig auf unser Käsebrot setzte, nur *eine* Mücke, die sich frech an unserem Blut erfrischte, nur *eine* Ameise, die mir vertraulich in den Schuh kroch, — nach wenigen Minuten war es eine Masseninvasion! Helga sprang hysterisch von einem Bein aufs andere. Heinz schlug verzweifelt rechts und links um sich. Ich träumte melancholisch vom Schwimmbad, wo der Eintritt für Insekten — dank der modernen chemischen Mittel — gewiß verboten war.

Hastig beendeten wir unsere Mahlzeit. Mit den letzten Sonnenstrahlen erreichten wir verwelkt und müde, wie die Blumen in Helgas Haar, das Schwimmbad. Eine geschlagene Armee von Individualisten mit Mückenstichen!

Mit hundert anderen Leuten, vielleicht waren es auch dreihundert, sprangen wir in das erfrischende kühle Wasser. Mit hundert anderen Leuten aßen wir auf der Terrasse Kuchen mit Schlagsahne, und nur eine gelegentliche Fliege störte uns dabei. Sobald sich Heinz und Helga von den Strapazen des Tages erholt hatten, machten sie für den nächsten Sonntag Pläne.

Helga hatte von einem romantischen See bei Berchtesgaden gehört, der garantiert frei von Wanderlustigen war. Freundlich lud sie mich zu diesem Ausflug ein. Glücklicherweise erinnerte ich mich daran, daß ich am nächsten Sonntag Karten für ein Konzert hatte.

Doch als ich später dicht neben einer blonden Schönen im warmen Sand lag, beschloß ich, für 100 Mark ein paar Tage an die Nordsee zu fahren — mit hundert anderen Leuten.

Querelle d'Allemand
A French phrase for an unnecessary quarrel

4 · DAS IST DOCH UNERHÖRT!

ORT DER HANDLUNG: *eine überfüllte Straßenbahn in irgend einer deutschen Stadt.*
ZEIT: *zwischen 5 und 7 Uhr, oder wie die die Genauigkeit liebenden Deutschen sagen: zwischen 17 und 19 Uhr.*
5   *Mit einem Wort: nach Geschäftsschluß.*
PERSONEN: *Müde Arbeiter und Angestellte, nervöse Verkäuferinnen und Sekretärinnen, Hausfrauen mit Paketen und Fritzchen und seine Mutter.*

STRASSENBAHNSCHAFFNER: Goethestraße! *(Er schiebt sich*
10 *durch den schmalen Gang, in dem die Fahrgäste dicht gedrängt stehen. Es ist überflüssig zu erwähnen, daß*

23

*kein Sitzplatz frei ist. Die Situation wird nicht durch
die Tatsache verbessert, daß nur zwei Leute aussteigen und fünfzehn einsteigen.)* Goethestraße! *(Er
gibt das Signal zur Abfahrt und schreit den neuen
Fahrgästen zu)* Gehen Sie nach vorn! Treten Sie rein ⁵
in den Wagen! Vorn ist noch viel Platz!

ARBEITER MIT SPORTMÜTZE: *(ironisch)* So ein Optimist!

STRASSENBAHNSCHAFFNER: *(im autoritären Ton)* Gehen Sie
doch nach vorn!

RESOLUTE FRAU: Das machen Sie mir mal vor! ¹⁰

DÜNNER BLASSER MANN *(wahrscheinlich Bankangestellter)*:
Erst mal können vor Lachen!

*(Eine gebrechlich aussehende ältere Dame wird in die
Mitte des Wagens geschoben. Ihr Hut ist verrutscht. Sie
schöpft nach Luft und sieht sich vergebens nach einem Sitz-* ¹⁵
*platz um. In der Kurve schwankt sie und fällt beinahe dem
dicken Herrn in die ausgebreitete Zeitung.)*

RESOLUTE FRAU: *(entdeckt plötzlich Fritzchen, der fröhlich neben seiner Mutter sitzt)* Das ist doch unerhört!
(laut, so daß es der ganze Wagen hören kann) ²⁰
Unerhört! Da sitzt doch dieser . . . dieser Junge
und macht der alten, schwachen Dame keinen Platz!

FRITZCHENS MUTTER: Mein Sohn ist selbst schwach. Das
Stehen strengt ihn zu sehr an!

RESOLUTE FRAU: *(mit einem Blick auf das riesige Paket,* ²⁵
das Fritzchen hält) Aber Ihre schweren Pakete kann
Ihr Sohn tragen! Dazu ist er nicht zu schwach!

ALTER HERR MIT WEISSEM BART: Ja, ja, die Jugend von
Heute . . . keinen Respekt mehr vor dem Alter . . .

FRITZCHENS MUTTER: *(legt schützend ihren Arm um Fritz-* ³⁰
chen) Mein Fritzchen ist nicht gesund. Warum macht
denn der junge Mann dort drüben keinen Platz für
die Dame?!

ARBEITER MIT SPORTMÜTZE: Weil er den ganzen Tag ge-
arbeitet hat und müde ist! *(Der junge Mann in der
schwarzen Lederjacke schließt schnell die Augen.)*
Nein, liebe Frau, hier geht es nicht um den jungen
Mann, sondern um Ihr Muttersöhnchen! 5
RESOLUTE FRAU: Wenn mein Max sich sowas erlauben
würde . . . der würde was von mir hören. . . .
FRITZCHENS MUTTER: Wollen Sie damit sagen, daß ich
meinen Jungen schlecht erzogen habe? Das nehmen
Sie aber bitte sofort zurück! Mein Fritz ist krank. 10
Wir kommen gerade vom Arzt.
FRITZCHEN: Aber Mutti, wir waren doch im Kino, hast
Du das vergessen . . .
FRITZCHENS MUTTER: *(legt ihm schnell die Hand auf den
Mund)* Das Kind hat Fieber, es phantasiert ja schon! 15
ALTE DAME, *(um die das Ganze geht)*: Ach, wissen Sie,
mir macht das Stehen nichts aus. Ich habe es nur bis
zur nächsten Haltestelle.
FRITZCHENS MUTTER: *(mutig zur resoluten Frau)* Na se-
hen Sie! Stecken Sie doch Ihre Nase nicht in ande- 20
rer Leute Angelegenheiten. Ob mein Sohn aufsteht
oder nicht, das geht Sie überhaupt nichts an!
HERR MIT GLATZE: Das geht uns aber ja was an! Der Verfall der Moral und Sitten der deutschen Jugend geht
uns alle an! Es geht hier nicht um Ihren Sohn, son- 25
dern um ein moralisches Prinzip!
STRASSENBAHNSCHAFFNER: Schillerstraße . . .
FAMILIENVATER: Ja, um das Prinzip der modernen Kindererziehung!
HERR HINTER DER ZEITUNG: *(zu seinem Nachbarn)* Das 30
Krakeelen macht doch immer am meisten Spaß, wenn
es um ein Prinzip geht!
RESOLUTE FRAU: Ich sage immer, wenn die Eltern keine

Kinderstube haben, kann man auch von den Kindern
nichts erwarten . . .
ALTER HERR IM WEISSEN BART: Ja, ja . . . die Jugend von
Heute . . . keinen Respekt mehr vor dem Alter . . . zu
5   meiner Zeit . . .
FAMILIENVATER: Der Jugend von Heute fehlt die Disziplin.
Ich spreche aus Erfahrung. Ich habe acht Kinder . . .
HERR MIT GLATZE: *(ungeduldig)* Disziplin, Disziplin . . .
in erster Linie kommt es auf die Pädagogik an. Der
10   Kultusminister sagte . . .
RESOLUTE FRAU: Ach was, eine Tracht Prügel zur rechten
Zeit . . .
DÜNNER BLASSER MANN *(wahrscheinlich Bankangestellter)*:
Das ist doch barbarisch! Haben Sie sich einmal über-
15   legt, wie das die Mentalität eines Kindes beeinflussen
kann?
RESOLUTE FRAU: *(sehr ärgerlich)* So etwas muß man sich
als Mutter sagen lassen! Das ist doch stark! Jetzt
will ich Ihnen mal die Wahrheit sagen. . . . *(Sie*
20   *schöpft nach Luft)*
HERR HINTER DER ZEITUNG: *(zu seinem Nachbarn)* Jetzt
wird es interessant! Wenn Leute sich die Wahrheit
sagen, beleidigen Sie sich gewöhnlich.
RESOLUTE FRAU: Ihr psychologisches Gerede ist völliger
25   Unsinn . . . Quatsch . . . nur ein Idiot . . . *(sie unter-*
bricht sich plötzlich) wie viele Kinder haben Sie
denn eigentlich?
DÜNNER BLASSER MANN: *(etwas verlegen)* Ich . . . ich bin
Junggeselle . . .
30 RESOLUTE FRAU: Das habe ich mir gleich gedacht. Warum
sich die Leute immer in Sachen mischen müssen, die
sie nichts angehen!
STRASSENBAHNSCHAFFNER: Lessingstraße . . .

27

RESOLUTE FRAU: *(erschrocken)* Lessingstraße? Jetzt habe ich doch tatsächlich meine Haltestelle verpaßt . . . und das nur wegen dieses ungezogenen Jungen! *(Sieht sich nach Fritzchen um und bemerkt, daß er nicht mehr auf seinem Platz sitzt)* Er ist also doch aufgestanden! *(triumphierend eilt sie dem Ausgang zu)*

HERR HINTER DER ZEITUNG: *(ruft ihr nach)* D i e Illusion muß ich Ihnen nehmen! Der Kleine ist schon an der Schillerstraße ausgestiegen!

STRASSENBAHNSCHAFFNER: Noch jemand zugestiegen? *(Er kassiert das Fahrgeld von den zugestiegenen Fahrgästen und schreit nervös in den Wagen)* Treten Sie rein in den Wagen! Nach vorn bitte!

RESOLUTER MANN: Immer mit der Ruhe, Herr Schaffner! Haben Sie vielleicht noch ein Plätzchen für den alten Herrn hier? *(Während er sich nach einem Platz umsieht, entdeckt er einen Schuljungen, der pfeifend zwischen zwei hübschen Verkäuferinnen sitzt.)* Das ist doch unerhört! *(laut, so daß es der ganze Wagen hören muß)* U n e r h ö r t . . .

Who can discern the character
of a nation by its people?

5 · DIE DEUTSCHEN SIND EIGENARTIGE MENSCHEN

1.

George Barton gähnte. Der Vortrag des deutschen Rechts-
anwalts Hans Alscher über „Amtsanmaßung" war methodisch und gründlich und ein wenig zu lang. Aber viele
der Vorträge der Juristen, die bei der Konferenz der
5 „International Bar Association" in Düsseldorf gehalten
wurden, litten an den gleichen Symptomen.

Barton betrachtete die Kollegen, die gelangweilt oder
interessiert dem Vortrag folgten. Die deutschen Juristen
waren trotz der sommerlichen Wärme in dunklen Straßen-
10 anzügen erschienen. Korrekt und steif saßen sie auf den
harten Stühlen. Die Amerikaner hatten es sich bequem

gemacht. Nur wenige trugen „business suits." Abenteuer-
liche Kombinationen von Sportjacken und Sporthosen domi-
nierten. Die Franzosen sahen kühl und skeptisch aus und
die Italiener elegant und ungeduldig. Die Engländer be-
tonten ihre Nonchalance in Betragen und Kleidung so sehr, 5
daß sie in ihrer Formlosigkeit beinahe genau so formell
waren wie die Deutschen.

Alschers Vortrag war ohne sensationelle Neuigkeiten.
Barton fand darin nur bestätigt, was er schon wußte: die
Anmaßung eines offiziellen Amtes war in Deutschland ein 10
viel beliebteres Delikt als in Amerika. Jemand, der vor-
gab, ein Beamter oder Offizier des deutschen Staates zu
sein, konnte von dieser Amtsanmaßung oft genug profitieren. Mit Amt und Uniform verbanden sich hier scheinbar
immer noch Autorität und Prestige in einer Art, wie man 15
sie in Amerika nicht kennt.

Der Applaus der Anwesenden unterbrach Bartons Gedanken. Alscher im tadellosen, dunklen Anzug verbeugte
sich mit einer Bescheidenheit, die fast arrogant wirkte.

„Diese Deutschen sind voller Widersprüche", sagte Bar- 20
ton zu seinem Kollegen Bob Miller aus Los Angeles.
„Wenn sie Autorität und Uniformen wirklich mehr respektieren als die Angehörigen anderer Nationen, dann
tun sie das auf sehr originelle Weise."

Bob Miller sah ihn fragend an. „Ich fürchte, ich folge 25
Ihnen da nicht ganz . . ."

„Lassen Sie mich erklären", fiel ihm Barton ins Wort.
„Finden Sie nicht auch, daß es unmöglich ist, sich den
korrekten Landgerichtsdirektor Schumann oder den Staatsanwalt Lenz, die beide kerzengerade in der ersten Reihe 30
sitzen, mit den Füßen auf dem Schreibtisch oder gar in
Hemdsärmeln vorzustellen? Und doch habe ich beobachtet,
daß der Landgerichtsdirektor eine Zigarette nach der an-

deren raucht, obwohl das große Schild ‚RAUCHEN VER-
BOTEN‘ neben der Tür kaum zu übersehen ist.“

„Das ist mir auch schon aufgefallen“, meinte Miller
amüsiert. „Doch in dieser Hinsicht faszinieren mich die
⁵ deutschen Autofahrer am meisten. Verordnungen und Uniformen imponieren ihnen überhaupt nicht. Und nichts ist
ihnen lieber, als eine laute Debatte mit einem Polizisten
über Verkehrsrecht. Bei den Lastwagenfahrern und Taxichauffeuren gehört sie, so viel ich gesehen habe, zum
¹⁰ Programm des Tages.“

Barton nickte. Er dachte an Hans Alscher, mit dem er
sich während der Konferenz angefreundet hatte. Der erfolgreiche Rechtsanwalt mit seinem korrekten Betragen
und seinen korrekten Anzügen war ein guter Bürger. Den-

31

noch parkte er sein Auto mit Vorliebe dort, wo das Parken nicht erlaubt war.

Später bei dem Empfang, den der Oberbürgermeister der Stadt zu Ehren der Juristen gab, kam Barton im Gespräch mit Alscher auf das Thema zurück.   5

„In mancher Hinsicht sind wir wie Kinder", sagte der blonde Rechtsanwalt gutmütig. „Wenn bei uns etwas verboten ist, gibt es immer Leute, die sich dagegen auflehnen. Ist das Öffnen eines Fensters im Zug verboten, dann öffnet es bestimmt jemand aus Protest. Wir Deutschen sind auf 10 der Welt für unsere militärische Disziplin bekannt, aber dann und wann ist bei uns auch protestiert worden . . . wenn auch nicht immer zur richtigen Zeit! Heine sagte einmal, daß Luther die Deutschen erschütterte, aber die Kartoffel sie wieder beruhigt hat!"   15

„Hallo Zips! Fertig? Es ist Zeit!" Ein dicker, älterer Herr mit vielen Schmissen hatte Alscher diese Worte, die wie ein Kommando klangen, zugerufen.

„Komme sofort!" antwortete Alscher kurz und militärisch. „Zips ist mein Biername", erklärte er seinem 20 amerikanischen Kollegen etwas verlegen. „Der Freiherr von Köllern und ich gehören zum Korps Saxonia. Heute treffen sich unsere ‚Alten Herren'." Bevor sich Alscher verabschiedete, erkundigte er sich nach Bartons Plänen für das Wochenende.   25

„Wenn Sie nichts Besseres vorhaben, möchte ich Sie bitten, meiner Frau und mir die Freude zu machen, das Wochenende bei uns zu verbringen. Wir haben ein nettes Häuschen am Rhein." Seine reservierte Miene wurde zu einem breiten Lächeln, als Barton die Einladung mit Freu- 30 den annahm. Er verbeugte sich etwas steif und eilte dann durch die Tür mit der Aufschrift „KEIN AUSGANG" zur Treppe.

„Netter Mensch, dieser Alscher", sagte Bob Miller zu
Barton. „Vielleicht können Sie während des Wochenendes
herausfinden, ob die beiden Schmisse auf seiner rechten
Backe einem Individualisten oder einem gutmütigen Mit-
5 macher gehören!"

„Ich werde Ihnen einen Bericht darüber geben", erwiderte Barton ironisch und zündete sich eine Zigarette an.

2.

Ein Wochenende mit Hans Alscher und seiner Familie
war interessant — aber anstrengend. Daß Alscher mit
10 Konzentration arbeitete, wußte Barton schon, aber daß er
sich mit genau so viel Konzentration entspannte, war ihm
neu. Die Gesellschaft am Sonnabend dauerte bis Mitternacht. Am nächsten Morgen Frühstück um acht Uhr auf
der Terrasse, danach zwei Stunden Tennis im Tennisklub,
15 am Nachmittag eine Fahrt im Ruderboot auf dem Rhein
und am Abend Pingpong mit den Kindern im Garten.

Alschers „nettes Häuschen" war ein teures Einfamilienhaus im Stil eines amerikanischen Ranch-Hauses. Vom
Fenster des Wohnzimmers hatte man einen unbeschreiblich
20 schönen Blick auf den Rhein.

„Ganz hübsch, nicht wahr?" bemerkte der Hausherr mit
jener übertriebenen Bescheidenheit, die Barton stets ein
bißchen ärgerte.

„Ja, es ist ein repräsentatives Haus", fügte Frau Liese-
25 lotte Alscher zufrieden hinzu. Sie war eine freundliche
Dame in den mittleren Jahren mit wenig Make-up. In
ihrem schlichten Seidenkleid sah sie trotz ihrer vollschlan-
ken Figur — so nennen die Deutschen diplomatisch eine
Figur, die mehr voll als schlank ist — sportlich elegant
30 aus. Sie war genau so stolz auf ihre moderne Küche mit
den Mixern und glänzenden Apparaten wie auf ihre selbst-

33

gebackene Marzipantorte, die sie beim Kaffee servierte. Barton hatte schon zwei Stück gegessen, als ihm Frau Alscher ein drittes anbot.

„Nehmen Sie noch ein Stück, Herr Doktor! Bitte, genieren Sie sich nicht!"

Barton genierte sich nicht. Aber zwei Stück der schweren, süßen Torte waren genug für ihn. Er dankte höflich. Über Lieselotte Alschers freundliches Gesicht legte sich ein Schatten. „Schmeckt es Ihnen nicht?" fragte sie enttäuscht.

Was blieb ihm übrig, als das dritte Stück zu essen? Selbst wenn er diese Höflichkeit mit einem entsetzlichen Druck im Magen bezahlte! Auch bei den anderen Mahlzeiten überredete die Hausfrau Gast und Familie zum Genuß riesiger Mengen von Vitaminen, Kalorien und Kohlehydraten.

Zu Frau Alschers ständiger Sorge, daß ihre Familie verhungern könnte, kam die Sorge um die Gesundheit ihres Mannes.

„Wissen Sie, mein Mann arbeitet zu viel!" beklagte sie sich, nachdem ihr Mann wieder einmal in sein Arbeitszimmer verschwunden war. „Jeden Abend bringt er eine Aktentasche voller Arbeit mit nach Hause. Ich glaube, die amerikanischen Männer machen sich das Leben leichter. Viele Freunde meines Mannes, die meisten sind kaum über vierzig, leiden an der sogenannten Managerkrankheit: Herzleiden und Kreislaufstörungen. Sie überarbeiten sich alle!" Sie machte eine hilflose Geste: „Aber wie soll man sonst vorwärtskommen? Auch bei uns gibt es seit dem Krieg eine Inflation. Das Leben wird immer teurer! Unsere beiden Kinder sollen später einmal studieren! Und ein bißchen repräsentieren muß man ja auch!"

Ihre Sorgen und Hoffnungen unterschieden sich wenig von denen der amerikanischen Frauen in ähnlichen finanziellen Verhältnissen. Nur nannte sie das, was man in Amerika als „keep up with the Joneses" bezeichnet, „repräsentieren" oder „standesgemäß auftreten". Es kam auf dasselbe hinaus.

Ihr Haus war daher auch nicht besonders gemütlich, sondern „repräsentabel". Die schweren neuen Möbel, kostbaren Teppiche und Ölgemälde mit den verschiedenen Landschaften sprachen nicht gerade für den allerbesten Geschmack, sie waren aber auch nicht geschmacklos. Das Wohnzimmer in seiner bürgerlichen Pracht, in dem es immer etwas nach Bohnerwachs roch, war hauptsächlich zum Ansehen da, für den Besuch, aber kaum zum ständigen Wohnen. Es erinnerte Barton ein ganz klein wenig an die „gute Stube" seiner deutschen Großmutter in Milwaukee und den amerikanischen „parlor".

Barton entdeckte bald, daß Hans Alscher und seine Frau nicht ganz frei von einem gewissen Snobismus waren. Zu der Gesellschaft hatten sie nur „Akademiker" eingeladen. Es war selbstverständlich, daß der Hausherr seine Gäste mit vollen Titeln vorstellte. Barton war nicht einfach George Barton aus Amerika, sondern Herr Doktor Barton! Und als Alscher von Barton erfuhr, daß er keinen Doktortitel hatte, wurde daraus: Herr Rechtsanwalt Barton!

Auch den Tennisklub Rot-Weiß hatten Alschers besonders deshalb gewählt, weil die meisten Mitglieder Akademiker waren.

„Wir sind hier unter uns!" sagte Alscher vertraulich zu Barton, während sie sich im Klubhaus nach dem dritten Satz mit einer Flasche Sprudel erfrischten.

Barton sah seinen deutschen Kollegen verständnislos an. „Zu unserem Klub gehören nur wenige Kaufleute. Manche sind wirklich sehr annehmbar. Zum Beispiel der Schuhfabrikant Lehmann dort drüben und sein Freund ...

er hat etwas mit Export zu tun . . .“ Alschers Ton war
nachsichtig und tolerant. Er sprach über den reichen
Schuhfabrikanten wie man in Amerika über jemanden
sprechen würde, der an der Straßenecke Schnürsenkel ver-
5 kauft.
Lieselotte Alscher war ein Kultursnob. Fernsehen und
Film waren etwas für Dienstmädchen und Verkäuferinnen.
„Ein Fernsehapparat kommt nicht in mein Haus!“ er-
10 klärte sie bestimmt. „Die Programme sind nicht gut genug.
Man kann sich doch nicht dauernd alte Filme und Quiz-
Programme ansehen! In kulturellen Dingen stellen wir
hier doch höhere Ansprüche!“ Auf diese Weise machte
sie es klar, daß sie von den kulturellen Ambitionen der
15 Amerikaner nicht viel hielt.
Von den Programmen, die Barton in Deutschland besonders gefallen hatten, war sie wenig beeindruckt. Zwar
fand sie die Sendungen aus dem Parlament und die Inter-
views mit Thornton Wilder und anderen berühmten
20 Persönlichkeiten recht interessant, doch hatte sie an den
Fernsehversionen der Dramen und Lustspiele, in denen oft
die besten Schauspieler von Bühne und Film zu sehen
waren, manches auszusetzen.
„Ich ziehe das Theater oder ein Konzert vor. Denn nur
25 dort bekommt man einen persönlichen Kontakt zu Kunst
und Künstlern“, sagte sie abschließend.
Alscher, der seiner Frau zustimmte, konnte sich jedoch
nicht mehr daran erinnern, wann er zum letztenmal im
Theater war. „Es ist Jahre her, daß ich ein Buch gelesen
30 habe, das nichts mit Rechtsfragen zu tun hat. Als Student
konnte ich Heine, Rilke und Verlaine beinahe auswendig! Wie habe ich Trollope gern gehabt und Joyce bewundert! Seitdem habe ich mich leider im Beruf vergraben.“

„Leider!" unterbrach ihn seine Frau gereizt. Sie wandte sich zu Barton: „Neulich fragte mein Mann auf einer Gesellschaft, wer Heinrich Böll ist! Einer unserer bekanntesten Autoren!"

Alscher machte einen schwachen Versuch der Verteidi- 5 gung. „Erst mußte man Geld verdienen, um nicht zu ver hungern; danach, weil die Ansprüche mit dem Einkommen wuchsen und dann . . . aus Gewohnheit!" Er bedauerte, daß die wirtschaftliche Blüte in Deutschland den Materialismus mit sich brachte. 10

„Alles, was die Leute im Kopf haben sind Autos, Waschmaschinen, Fernsehapparate und Ratenzahlungen! Wohlstand ist kein guter Boden für Idealismus! Es ist einfach, Idealist zu sein, wenn man hungrig ist . . . und schwer, wenn man gerade einen Gänsebraten ißt. Darum rebellieren 15 bei uns auch nur die nicht etablierten Studenten."

Geld allein beeindruckte Alscher scheinbar nicht. Doch liebte er den Erfolg, besonders den eigenen. Die Position und die Anerkennung im Kreis der Kollegen waren ihm unendlich wichtig. Aber waren ihm die materiellen Mani- 20 festationen seines Erfolges, das teure Haus, der neue Mercedes und die Reisen in die Schweiz und an die Riviera weniger wichtig? Er kritisierte oft den Materialismus der Amerikaner und seiner Landsleute. Und er wäre sehr erstaunt gewesen, wenn ihn jemand als Materialisten bezeich- 25 net hätte.

Am sympathischsten war Hans Alscher in der Rolle des Ehemannes und Vaters. Er vergaß nie, seine Frau mit einem leichten Kuß auf die Stirn zu begrüßen, ihr die Tür zu öffnen oder die Zigarette anzuzünden. Im Haus- 30 halt gab er sich allerdings mit der Geste des Helfens zufrieden. Gelegentlich spielte er mit seinen Kindern. Aber ob er mit ihnen Steine in den Rhein warf oder Pingpong spielte, er stellte sich dabei nicht auf ihre Stufe, sondern

spielte mit ihnen als Erwachsener. Irgendwie hatte er es fertiggebracht, von seinen Kindern geliebt und respektiert zu werden. Den Respekt, den sie ihm zeigten, übertrugen die Kinder auf andere Erwachsene. Wenn der zwölf-
5 jährige Jürgen sich so energisch verbeugte, daß ihm dabei das blonde Haar in die Augen fiel, und die kleine Erika ihren koketten Knicks vor Barton machte, war das mehr als eine leere Form der Höflichkeit. Barton wußte jedoch nicht, daß Alschers ältester Sohn und seine Teenager Freunde
10 sich über so viel „autoritären Klimbim" lustig machten. Am erstaunlichsten war Alscher in der Rolle des Auto-fahrers. Auf der Rückfahrt zum Hotel bekam Barton beinahe graue Haare. Alscher hatte die fixe Idee, daß man mit einem neuen, schnellen Wagen um jeden Preis
15 wie ein Rennfahrer fahren mußte. Er nahm die Kurven im vollen Tempo. Auf der Autobahn überholte er einen Lastwagen auf der rechten Seite. Er hupte Radfahrer und Fußgänger aus dem Wege. Und als ein älterer Mann in einem uralten Opel auf einer engen Straße langsam vor
20 ihm herfuhr und ihn zum Bremsen zwang, schrie Alscher den Mann wütend an: „Schlafen Sie doch nicht, Sie Idiot! Sie halten ja den Verkehr auf! Wenn Sie nicht schneller fahren können, bleiben Sie doch zu Hause! Sie sind wohl verrückt!" dabei tippte er sich mit der typischen Geste, die
25 Barton schon bei anderen Autofahrern beobachtet hatte, mit dem Zeigefinger gegen die Stirn.

Barton war froh, als Alscher den Wagen mit quietschen-den Reifen vor dem Hotel zum Halten brachte.

3.

„Sie sehen aus, als ob Sie eine starke Tasse Mokka
30 brauchten!" rief Bob Miller, dem Barton in der Halle des Hotels Breidenbacher Hof begegnete. „War das Wochen-ende bei den Alschers so anstrengend?"

Barton, der sich von dem Schock der Rückfahrt noch

nicht ganz erholt hatte, ließ sich in einen der bequemen Sessel fallen und berichtete. „Etwas muß ich noch hinzufügen", sagte er abschließend, „unser Freund Alscher ist immer korrekt angezogen. Beim Tennis erschien er elegant in Weiß, beim Rudern 5 trug er die vorschriftsmäßige blau-weiße Kombination, und im Hause konnte man ihn für eine Reklame für Hausjacketts halten. Ich glaube, Alscher gehört zu den Menschen, die sogar im Pyjama eine Bügelfalte haben!"

„Ja, solche Leute soll es geben!" lachte Bob Miller und 10 bestellte zwei Tassen Mokka. „Sagen Sie, haben Sie sich mit unserem Kollegen auch über Außenpolitik unterhalten? Seine Meinung würde mich interessieren."

Barton antwortete nicht sofort. Er lehnte sich bequem in den Sessel zurück und hob resigniert die Schultern. 15 „Man kann sich mit Hans Alscher über alles unterhalten, nur nicht über Außenpolitik! Sowie man über Rußland, China oder Asien spricht, beginnt er nachsichtig zu lächeln. Und wenn man glaubt, endlich eine Basis zur Diskussion gefunden zu haben, sagt er mit seinem arrogant-bescheide- 20 nen Lächeln: ‚Wir Deutschen kennen die Russen' oder ‚Wir Deutschen verstehen die Mentalität der Asiaten!'. So sagt er einem diplomatisch, daß man selber keine Ahnung hat. Seine Ansichten sind schon deshalb nicht angreifbar, weil sie sich weniger auf Tatsachen als auf seine myste- 25 riöse Kenntnis der Seele der Völker stützen."

Bob Miller hatte amüsiert zugehört. „Etwa dieselben Erfahrungen habe ich auch gemacht. Dazu kommt noch die Tendenz der Deutschen, durch ihr Wissen zu beeindrucken. Ich glaube, es war Schopenhauer, der einmal 30 sagte, daß der Deutsche gegen den Vorwurf der Dummheit am empfindlichsten ist."

„Das erklärt auch, warum die Intellektuellen hier so

hoch im Kurs stehen", rief Barton lebhaft und nahm sich noch einen Löffel Zucker für seinen Mokka. „Für Snobs habe ich zwar keine Sympathien. Doch gefällt es mir, daß Hans und seine Freunde stolz darauf sind, zu den Gebildeten zu gehören."

„Da haben Sie recht", meinte Bob Miller nachdenklich. „Bei uns versuchen die Intellektuellen oft, ihre Intelligenz zu verbergen. Denn es ist ein zweifelhaftes Vergnügen, im ‚Country Club‘ oder bei den ‚Kiwanis‘ als ‚egghead‘ bekannt zu sein! Auf ihre Kultur sind die Deutschen übrigens auch sehr stolz."

„Ja, in den Theatern und Konzerten bekommt man kaum einen Platz", stimmte Barton zu. „Aber haben Sie schon einmal versucht, sich mit einem Deutschen über Kant oder Hegel zu unterhalten? Hans und seine Freunde wissen nicht viel mehr über diese Philosophen als ich . . . und das ist wenig! Ich habe mir die gebildeten Einwohner des Landes der ‚Dichter und Denker‘ gebildeter vorgestellt! Auch bin ich enttäuscht, daß Lieselotte Alscher mit ihren kulturellen Ambitionen zwar ‚Forever Amber‘ und Jacqueline Susanns ‚Tal der Puppen‘ kennt, aber nicht Faulkner oder Kafka!"

„Doch ihre Marzipantorte ist gut. . . ." Bob Miller war für seinen trockenen Humor bekannt.

„Zu gut! Sie liegt mir jetzt noch im Magen!" seufzte Barton und nahm einen großen Schluck aus der Mokkatasse.

„Mich überrascht es immer, wie gleich die Menschen sind", sagte Miller philosophisch. „Im Grunde bedeutet Erfolg für Alscher dasselbe wie für uns: eine Familie, finanzielle Sicherheit, ein Haus und einige Bequemlichkeiten . . .", er unterbrach sich selbst, „leider wissen wir immer noch nicht, ob Alscher mit seinen abenteuerlichen

Schmissen zu den Individualisten oder Mitmachern gehört!"

„Sie verlangen das Unmögliche! Alscher ist beides!" antwortete Barton gutgelaunt. „Mich interessiert viel mehr, was in dem höflichen Ehemann und fürsorglichen Vater, dem galanten Gastgeber, der den Damen Komplimente macht und Heine zitiert, dem nüchternen Rechtsanwalt und korrekten Bürger vorgeht, wenn er hinter dem Steuerrad zum unhöflichen, irrationalen und rücksichtslosen Draufgänger wird. . . ."

„Eine Aufgabe für die Sphinx oder moderne Psychologen!"

Barton blickte auf die Uhr und erhob sich. Es war Zeit für den nächsten Vortrag. Auch Miller stand auf.

„Die Deutschen sind eben eigenartige Menschen!" sagte er und schüttelte den Kopf.

There are times when we understand
others best through misunderstanding.

6 · DIE AMERIKANER SIND EIGENARTIGE MENSCHEN

Montagabend. Auf der Terrasse ihres Hauses sitzen Hans Alscher und seine Frau Lieselotte beim Schachspiel. Es ist beinahe dunkel. Auf dem glitzernden Rhein spiegeln sich unruhig die hellen Lichter der Motorboote und
5 Dampfer.

„Schach", murmelt Hans Alscher.

„Wieso?" Lieselotte blickt zerstreut auf.

„Siehst du denn nicht, daß dein König bedroht ist? Der Turm auf der einen Seite und der Springer auf der ande-
10 ren! Wo bist du denn mit deinen Gedanken? Du spielst doch sonst besser!"

„Ich weiß, ich war nicht bei der Sache. Es ist George, ich meine Rechtsanwalt Barton. Er hat Jürgen versprochen, heute abend zu telefonieren. Ich glaube, die beiden

43

wollen am Sonntag zum Fußballspiel nach Köln fahren, die deutsche Nationalmannschaft spielt gegen Dänemark." „Du meinst, mein amerikanischer Kollege George Barton hat unseren Jüngsten dazu eingeladen?" fragt Hans erstaunt. „Aber das ist doch sehr nett! Jürgen hat noch nie 5 ein internationales Fußballspiel gesehen." „Natürlich ist das nett. Es ist nur . . . George hat bis jetzt noch nicht angerufen! Vielleicht hat er sein Versprechen vergessen oder nicht ernst gemeint. Jürgen wäre sehr enttäuscht. Er hat den ganzen Tag von seinem Freund 10 George gesprochen . . . seit einer Stunde sitzt er beim Telefon." Lieselotte spielt nervös mit den Schachfiguren.

Hans blickt auf die Uhr. „Es ist erst halb acht!" Seine Stimme wirkt beruhigend. Er sieht seine Frau belustigt an. „Die Amerikaner sind wirklich eigenartige Menschen! Wie 15 hat es dieser Barton nur fertiggebracht, sich so schnell mit uns allen anzufreunden? Er gehört zu den wenigen Kollegen, die mich beim Vornamen anreden. Dabei kenne ich ihn erst seit der Konferenz!"

„Ja, zu deinem Freund Paul Widmann, den ich seit 20 Jahren kenne, sage ich immer noch ‚Herr Widmann.' Mit Barton war es schon nach ein paar Stunden ‚George.' " Lieselotte lächelt. „Er ist so freundlich und unkompliziert. Sein Charme ist natürlich . . . wie bei Kindern!"

„Hemmungen haben die Amerikaner nicht, und Minder- 25 wertigkeitskomplexe kennen sie auch nicht", stellt Hans Alscher sachlich fest. „Barton unterhielt sich mit dem Präsidenten des Bundesverfassungsgerichts genau so freundlich interessiert wie mit dem Kellner im Tennisklub und unseren Kindern." 30

Lieselottes Augen folgen ungeduldig dem Zeiger der antiken Uhr über dem Schreibtisch.

Alscher starrt in den dunklen Abend. „Wir Deutschen haben es oft schwer, im Umgang mit Menschen den richtigen Ton zu finden", sagt er nachdenklich. „Ich weiß das von mir selbst. Zu Untergebenen bin ich manchmal arro-
5 gant und zu Leuten in höheren Positionen zu servil. Wir sind viel zu standesbewußt."
„Dieses Problem haben die Amerikaner offensichtlich nicht."
„Es ist auch angenehm, daß sie einen nicht dauernd be-
10 eindrucken wollen", fährt Hans fort. „Deshalb auch ihre Ungezwungenheit in der Kleidung. Sie tragen, was bequem ist! Ist die Jacke zu heiß, wird sie ausgezogen. Wir denken, wir verlieren unsere Würde, wenn wir uns in Hemdsärmeln sehen lassen!" Hans macht eine kleine
15 Pause. „Natürlich will ich damit nicht sagen, daß es richtig ist, wenn jemand im Sportanzug bei einem Bankett erscheint!" fügt er schnell hinzu.
„Dafür ziehen sich die amerikanischen Frauen um so lieber an! Besonders die älteren Damen! Mit ihrem Make-
20 up, dem vielen unechten Schmuck und den rosa Blumenhüten sehen manche überladen aus . . . wie Weihnachts-bäume!" kommentiert Lieselotte spitz.
Kurz vor acht klingelt das Telefon. Hans Alscher und seine Frau atmen erleichtert auf. Aber es ist nicht Barton,
25 sondern Lieselottes Freundin Irmgard. Während Lieselotte der Beschreibung des neuen Kleides zuhört, das Irmgard im Ausverkauf gefunden hat, wartet Jürgen ungeduldig neben der Mutter.
„Mach es kurz, Mutti!" flüstert er. „Wie kann mein
30 Freund George anrufen, wenn die Leitung den ganzen Abend besetzt ist!"
Lieselotte macht es kurz.

„Er hätte wenigstens absagen können! So viel kann man doch erwarten!" sagt sie nach einer Weile ärgerlich.

„Er hätte schon anrufen können . . ." meint Hans unbestimmt.

„Manieren haben die Amerikaner nicht", beklagt sich Lieselotte. „Einen Blumenstrauß hat er mir auch nicht mitgebracht!"

„Es ist in Amerika nicht Sitte, der Hausfrau Blumen oder Konfekt mitzubringen", verteidigt Hans den Kollegen.

„Dann hätte er sich darüber informieren müssen!" Lieselotte hat sich in Ärger geredet. „Auch vom Handgeben wußte er nichts. Er ließ Frau Doktor Kirsten eine Minute lang mit ausgestreckter Hand in der Luft stehen. Es war entsetzlich peinlich! Und dann seine Tischmanieren! Immer eine Hand unter dem Tisch . . . das Fleisch schnitt er sich vor dem Essen wie ein kleines Kind in Stücke . . . und unseren schönen alten Burgunder hielt er für einen Chianti!"

Alscher sieht automatisch auf seine Armbanduhr. „Beruhige dich bitte! Es ist noch nicht neun! Er k a n n noch anrufen!" Die feste Stimme ihres Mannes gibt Lieselotte neue Hoffnung.

„Du hast recht", nickt sie, „neun Uhr ist nicht spät . . . nur für einen Zwölfjährigen, der seit zwei Stunden auf das Klingeln des Telefons wartet, ist es spät!"

„Und für seine Mutter!" Hans drückt seiner Frau verständnisvoll die Hand.

„In Amerika gehen die Kinder wahrscheinlich viel später zu Bett", tröstet sich Lieselotte und beginnt, die Schachfiguren in den Kasten zu sortieren. „Eins muß ich sagen, Barton war ein idealer Gast . . . so einfach zu unterhalten!

Abgesehen von meiner Marzipantorte gefiel ihm eigentlich
alles. Er ist überhaupt nicht kritisch!"
   „Ich glaube, wir kritisieren manchmal zu viel und zu
gern", sagt Hans zögernd zu seiner Frau.
5 „Unser kultiviertes Heim hat ihn sehr beeindruckt. Er
fragte mich sogar nach dem Namen des Künstlers, der die
Alpenlandschaft gemalt hat", lächelt sie, noch immer geschmeichelt.
   „Ich war überrascht, wie sehr sich Barton für Kunst und
10 Literatur interessiert. Von einem Amerikaner erwartet man
das kaum. Denk dir, er wollte mit mir über Kant und
Hegel sprechen! Zum Glück war Professor Pfeiler auf
unserer Gesellschaft, einer jener Gelehrten, die eine wirk-

47

lich universelle Bildung haben, und mit ihm unterhielt er sich dann auch den ganzen Abend über Gott and die Welt." Lieselotte geht das untätige Sitzen und Warten auf die Nerven. Plötzlich springt sie auf und beginnt, ihre Geranien zu beschneiden. „Durch die Hollywood-Filme und 5 Fernsehprogramme bekommt man einen falschen Eindruck von den Amerikanern", bemerkt sie und schneidet energisch an den grünen, dicken Blättern herum. „Und die Touristen, die mit ihren Kameras von Dom zu Dom rasen und Europa in zehn Tagen erledigen, machen gewiß nicht 10 den besten Eindruck. Die reichen Playboys und Dollarprinzessinnen mit ihren internationalen Skandalen und die ewig grinsenden Politiker, die sich mit unseren Filmstars fotografieren lassen, sind auch nicht besonders sympathisch. Ich bin froh, daß ich George Barton kennenge- 15 lernt habe . . . er ist ganz anders!"

„Ja, man könnte George beinahe für einen Europäer halten. Er ist auch nicht so materialistisch wie ich mir die Amerikaner gedacht habe", entgegnet Hans Alscher. „Das Geldverdienen ist ihm nicht Lebenszweck. Ich glaube 20 kaum, daß ihm Geld und Reichtum mehr imponieren als uns. Natürlich ist er kein Durchschnittsamerikaner, aber sind es die anderen? Zwar soll man eine Nation nicht nach den paar Leuten beurteilen, die man zufällig trifft, aber mir fällt kein besserer Maßstab ein." 25

Jürgen ist zum Vater herangetreten. Er sieht müde und unglücklich aus. „Vati, geht die Uhr im Wohnzimmer richtig? Ist es wirklich schon zehn?" Seine Stimme ist klein und den Tränen nahe.

„Vielleicht hat George Freunde getroffen und konnte 30 deshalb nicht telefonieren", sucht die Mutter zu trösten. „Geh zu Bett, ich wecke dich, wenn er noch anrufen sollte!"

Doch diesen Kompromiß lehnt Jürgen ab. Optimistisch nimmt er seinen Posten beim Telefon wieder auf.

„Barton hätte von sich hören lassen sollen!" Auch Hans Alscher ist jetzt ärgerlich. Er trommelt erregt mit den Fin-
5 gern auf den Tisch. „Aber kann man von einem Menschen, der sich so leicht mit allen Leuten anfreundet, überhaupt Freundschaft erwarten? Was wissen wir denn von Barton? Sein Alter, seine Adresse . . . die Farbe seiner Augen! Ein paar Tatsachen! Und schon glauben wir, seinen Charakter,
10 seine Mentalität zu verstehen! Das ist naiv! Genau so naiv wie Bartons Ansichten über die internationale Lage. Er weiß ein paar geschichtliche Daten, ein paar Statisti-ken der Völker, doch ihre Seele kennt er nicht!"

„Wenigstens gehört er nicht zu den Amerikanern, die
15 die Probleme der Welt mit mehr Kühlschränken, Wasch-maschinen und Dollars zur Entwicklungshilfe lösen wol-len", sagt Lieselotte tief über ihre Geranien gebeugt. Wenn ihr Mann sich aufregt, wird Lieselotte gewöhnlich objektiv.

Hans lacht kurz und beginnt, unruhig auf und ab zu spa-
20 zieren. „Der berühmte amerikanische Individualismus, von dem man so viel gehört und gelesen hat, scheint auch eine Legende zu sein. Auf der Konferenz sonderten sich die meisten Amerikaner sofort ab, um sich ihr ‚kleines Amerika' zu schaffen. Zusammen gingen sie auf die Suche
25 nach heißen Würstchen, die sie ‚hot dogs' nennen, und ‚American jazz.' Selbst ihre Einkäufe und Besuche beim Friseur machten sie als Gruppe", stellt Hans belustigt fest.

„Barton hat sich aber sehr um den Kontakt mit uns
30 Deutschen bemüht", wendet Lieselotte ein.

„Er gehört zu den Ausnahmen."

„Was immer Barton ist, ein Mitmacher ist er nicht!" sagt Lieselotte mit Bestimmtheit.

49

„Das mag sein. Vor Autorität und Uniformen hat er übrigens einen erstaunlichen Respekt. Neulich hielt ich meinen Wagen kurz in einer Straße an, wo Parken verboten ist, um mir ein paar Zigarren zu kaufen. Natürlich war sofort ein Polizist zur Stelle, dem ich den Unterschied 5 zwischen Anhalten und Parken klar machen mußte. Barton war überrascht, daß ich mit dem Polizisten, der nicht sehr intelligent war, argumentierte. Er hätte sich, so sagte er selbst, ohne Protest aufschreiben lassen. Auf der Fahrt zu seinem Hotel war er ganz nervös vor Angst, daß ich 10 schneller fahren würde, als es die Verkehrsregeln erlauben...."

„Vielleicht hat ihn dein Fahren nervös gemacht und nicht die Angst vor der Polizei", unterbricht Lieselotte ihren Mann kühl. „Ich habe auch oft Angst, daß etwas 15 passiert!"

„Unmöglich, ich fuhr in meinem gewöhnlichen Tempo. Für Amerikaner, die mit ihren riesigen Wagen alle wie die Verrückten fahren, ist das langsam!"

Lieselotte hat ihrem Mann nicht zugehört. In einem Ton, 20 der alles andere als froh ist, triumphiert sie plötzlich: „Ich bin froh, daß ich Barton meine Meinung über unser kulturelles Niveau gesagt habe!"

Hans sieht sie einen Augenblick verwirrt an und lächelt dann fein: „Ich hatte den Eindruck, daß er dir s e i n e 25 Meinung darüber sagte..."

Das Telefon klingelt. Hans und Lieselotte stehen wie erstarrt und sehen sich wortlos an. Es ist halb elf. Eine Ewigkeit scheint zu vergehen, bis Jürgen etwas verschlafen den Hörer abnimmt: „Hier Jürgen Alscher...", sein Ge- 30 sicht leuchtet auf. „Prima George . . . vielen Dank, George", jubelt seine Stimme. „Natürlich George . . . bis morgen . . . auf Wiedersehen!" Er legt den Hörer beinahe feierlich nieder. „Das war mein Freund George", verkündet er überflüssigerweise. „Er war mit dem Oberbürgermeister im Konzert. Herbert von Karajan hat die ‚Neunte‘ dirigiert. George holt mich am Sonntag um zwölf ab."

Er küßt die Mutter zärtlich und sagt dem Vater stolz „Gute Nacht."

Hans und Lieselotte lassen sich erschöpft auf der Terrasse nieder.

„Ein spannender Abend", sagt Lieselotte sarkastisch und nimmt die Schachfiguren aus dem Kasten. „Jetzt möchte ich aber meine Nerven etwas entspannen!"

„Diese Partie Schach wirst du gewinnen! Wenn du dich konzentrierst, habe ich keine Chance", lächelt ihr Mann und hilft ihr beim Aufstellen der Figuren.

„George ist wirklich ein netter Mensch", strahlt Lieselotte, „selbst wenn er mir keine Blumen mitbringt und nichts von der Mentalität der Chinesen versteht! Er fährt mit unserem Sohn zum Fußballspiel . . . wer unter unseren deutschen Freunden würde auf diese Idee kommen?"

„Ja, die Amerikaner sind eigenartige Menschen", lacht Hans und schüttelt den Kopf.

Man kann höchst deutsch sein und dabei höchst undeutsch.

Thomas Mann

7 · TYPISCH DEUTSCH!

Der Beamte vom Fahrkartenschalter Nummer 13 schloß sein Fenster mit einem brutalen Knall. Die Schlange der Reisenden, die wartend vor dem Schalter stand, hielt den Atem an. Wie hypnotisiert starrten zweiunddreißig Augen auf die dicken schwarzen Buchstaben GESCHLOSSEN, 5 die hinter dem Fensterglas aufgetaucht waren.

„Ach", murmelte das alte Mütterchen, „jetzt habe ich hier zehn Minuten umsonst gestanden . . . ich werde noch meinen Zug verpassen!" Sie lief mit kleinen, schnellen Schritten an das Ende der Schlange vor Schalter 12. 10

„Müssen Sie denn gerade jetzt Mittagspause machen?" schrie der dicke Mann und klopfte wütend mit der Faust gegen das Fenster.

52

„Der Beamte hätte warten müssen, bis wir an der Reihe waren!" sagte die vornehme Dame und winkte einem Gepäckträger, der ihr die eleganten Koffer zum nächsten Schalter trug. „Man muß sich beschweren!" setzte sie hinzu und zog die Augenbrauen kritisch in die Höhe. 5

„Siehst du, Max", rief eine hysterische Frauenstimme, „ich hab' dir doch gesagt . . . stell' dich nicht vor Schalter 13. . . ."

„Das ist wieder einmal typisch deutsch!" stellte der kleine, dünne Herr sachlich fest, bevor er seinen Posten 10 als Letzter vor Schalter 11 aufnahm.

Die anderen Reisenden sahen ihn schweigend an und nickten ernst. Sie waren sich einig: ja, das ist wieder einmal typisch deutsch! Wozu sich noch aufregen? Aller weitere Kommentar war wirklich überflüssig! Die Episode 15 war damit beendet. Und einen Augenblick später ging ein jeder resigniert seiner Wege.

Der Ausländer, der eine solche Szene beobachtet, ist erstaunt. Ja, verwirrt. Hatte er richtig gehört? Gebrauchten die Deutschen den Ausdruck „typisch deutsch" wirklich 20 im negativen Sinne — als Kritik? Waren diese Deutschen mit ihrer sprichwörtlichen Liebe zum Vaterland vielleicht gar nicht so chauvinistisch, wie man gedacht hatte?

Und dann erinnert er sich an die Ankunft im Hamburger Flughafen. Hatte die Dame den Zollbeamten, der ihre 25 Koffer durchsuchte, nicht ärgerlich als „typisch deutsch" kritisiert?

Bisher hatte er diesem Phänomen keine Beachtung geschenkt. Aber nun wird er neugierig. Er spitzt sozusagen die Ohren. Als er das nächste Mal im Restaurant fünfzehn 30 Minuten auf die Suppe wartet, stimmt er vorsichtig mit dem Herrn am Nachbartisch überein: der Kellner, den den Gast nicht beachtet — „typisch deutsch!"

„Ach, Sie sind Ausländer!" sagt der Herr mit tiefer Bewunderung. „Ja, im Ausland braucht man natürlich nicht auf den Kellner mit der Suppe warten!" Der Herr lächelt ungläubig, als der Ausländer bemerkt, daß auch in New York die Bedienung alles andere als prompt ist. Stolz berichtet er von seinen Reisen ins Ausland. „Ah, der sonnige Süden! Italien! Die Stierkämpfe in Barcelona!" ruft er begeistert. „ Die herrliehe Schweiz! Und Paris! Die illuminierten Champs Elysées und die Place de la Concorde um Mitternacht!" Seine Augen leuchten vor Glück. Wie ein Gourmet genießt er die französischen Nasallaute, die seine Lippen formen. Vertraulich erzählt er von entfernten Verwandten in Iowa und Johannesburg. „Ja, wenn man dort sein könnte!" seufzt er und blickt verträumt in sein Bier.

Kein Zweifel, er liebt, er verehrt das Ausland und alles Ausländische mit der naiven Intensität eines Kindes, das vom Schlaraffenland gehört hat.

Im Laufe der Zeit wird es einem klar, daß dieser romantische Herr keine Ausnahme ist. Man entdeckt die Schwäche für alles Ausländische auch bei anderen Deutschen. Das Ausland interessiert sie. Und wenn man mit Thomas Mann übereinstimmt, daß „Interesse der intellektuelle Name eines Affektes ist, dessen sentimentaler Name Liebe lautet", dann muß man auch mit ihm übereinstimmen, daß der deutsche Bürger kosmopolitisch ist.

Die Gebildeten bewundern den Esprit der Franzosen, ihre Kultur und ihre Küche, die Geschäftsleute den Geschäftssinn der Engländer und ihre Fairness, und die Wissenschaftler und Techniker das amerikanische "knowhow."

Alle zusammen bewundern den leichten Charme der Südländer. Zu Tausenden träumen sie vom italienischen blauen Himmel. Zu Tausenden reisen sie nach dem sonnigen Süden, um dort die Erfüllung ihres Wunsches zu finden: unter Palmen zu wandeln!

Das südliche Klima und Temperament haben die deutschen Künstler und Bürger seit Jahrhunderten angezogen. Dürer gehörte zu den Malern, die dem unwiderstehlichen Drang nach dem Süden folgten. Heine war fasziniert von den „großen italienischen Augen" und dem „bunt" verwirrten italienischen Leben." Im Vergleich zum italienischen Sommer erschien ihm der deutsche Sommer nur wie ein „grün angestrichener Winter."

Auch Goethe machte sich auf die lange, unbequeme Reise. Und er vergaß nicht, die ewige Sehnsucht der Deutschen nach dem Süden in ein paar unsterblichen Zeilen einzufangen:

> Kennst du das Land, wo die Zitronen blühn,
> Im dunklen Laub die Goldorangen glühn,
> Ein sanfter Wind vom blauen Himmel weht,
> Die Myrte still und hoch der Lorbeer steht,
> Kennst du es wohl?
> Dahin! Dahin
> Möcht' ich mit dir, o mein Geliebter, ziehn.

Wenn man endlich begriffen hat, wie sehr die Fremde den Deutschen bezaubert, versteht man manches, was einem in Deutschland merkwürdig erscheint:

Etwa die Tatsache, daß die meisten Deutschen lieber einen schlechten amerikanischen oder französischen Film sehen als einen schlechten — oder auch guten — deutschen Film.

Oder die deutschen Bühnen, auf denen mehr ausländische Autoren zu Worte kommen als einheimische.

Der Versuch der deutschen Jugend, es der amerikani-

schen oder englischen gleichzutun. Ihr Enthusiasmus für
zu enge „blue jeans", Regency-Stil Anzüge, Beatle-Frisuren
und Mod. Ihre fanatische Vorliebe für Coca-Cola, Beat
Musik und „Bonnie and Clyde".

5 In neuem Licht erscheinen nun auch die langen, langweiligen Leitartikel der seriösen Zeitungen, die täglich
mit den kompliziertesten internationalen Problemen ringen.
Und man weiß jetzt auch, warum die fetten Schlagzeilen,
mit denen die billigen Blätter und Magazine die Affären
10 ausländischer Filmstars und Prinzessinnen in ihren Spalten breittreten. so ein gutes Geschäft sind.

57

Sogar die merkwürdige Passion der Deutschen für Fremdwörter wird verständlicher! Die Fremdwörter werden besonders von Intellektuellen geliebt und von Leuten, die gern intellektuell sein möchten. An der korrekten Ausprache und dem korrekten — und möglichst häufigen ⁵ — Gebrauch erkennt man Stand und Bildung eines Menschen. Aber wehe dem, der ein Fremdwort falsch ausspricht! Auch wer es deutsch ausspricht, macht einen unverzeihlichen Fauxpas! Der Volksmund warnt daher: Fremdwörter sind Glückssache! Natürlich nicht für den ¹⁰ Gebildeten! Er weiß, daß „jazz" nicht „Jatz" sondern „Dschäs" ausgesprochen wird. Er ist seiner Fremdwörter so sicher, daß er von den Künstlern des Quattrocento und Cinquecento spricht, wenn er die italienischen Meister des 15. und 16. Jahrhunderts meint. Barockmöbel sind für ¹⁵ ihn entweder Louis Quatorze oder Louis Seize. Die unaussprechlichsten Namen gleiten mühelos von seinen kultivierten Lippen.

Wer wirklich elegant sein möchte, nennt Mailand selbstverständlich Milano und Neapel Napoli. Es ist auch immer ²⁰ effektvoll, die Ponte Vecchio mit der Pont Neuf (man beachte die Aussprache) zu vergleichen, ehe man über „public relations" und den letzten Business Trend zu diskutieren beginnt.

Es ist nicht einfach, in Deutschland als gebildet zu gel- ²⁵ ten. Nicht nur muß man die Bestsellers von Pasternak, Nabokov und Mary McCarthy gelesen haben! Nicht nur muß man Malraux von Maurois und Maurais von Moravia unterscheiden können und die Stücke von Anouilh, Giraudoux und Ionesco im Stadttheater Konstanz oder Bremen ³⁰ gesehen haben! Nein! Man muß diese Namen auch richtig aussprechen können!

Nur sehr alten Herren, die gern vom „Böckingham"

58

Palace und „Öpper" House sprechen, kann die falsche Aussprache als Exzentrität vergeben werden. Besonders, wenn sie, das Gesicht in ernste Falten gelegt, das Gespräch von Zeit zu Zeit mit lateinischen Weisheiten wie „panem 5 et circenses" oder „ora et labora" würzen. Auch ist alles gut, wenn so ein alter Herr mit glücklichem Lächeln einige Hexameter aus der Ilias oder der Odyssee schmettern kann — auf griechisch natürlich.

Thomas Mann wußte, wovon er sprach, wenn er sagte: 10 „Es gehört beinahe zur deutschen Humanität, sich undeutsch, und selbst antideutsch aufzuführen. Die Neigung zum Kosmopolitischen ist vom Wesen der deutschen Nationalität untrennbar." Die Begeisterung für alles Fremde läßt den meisten Intellektuellen in Deutschland wenig Zeit 15 und Lust, sich für patriotische Zwecke zu erwärmen. Derartig Prosaisches überläßt man Politikern und Soldaten. Die unfreundlichsten Kommentare über die Deutschen stammen aus deutscher Feder. Zu den geistreichsten Kritikern zählen Heine, Nietzsche und Thomas Mann. Und es ist 20 kein Zufall, daß Nietzsche viele Jahre in Basel lebte und Heine und Thomas Mann Deutschland verließen.

Aber auch Friedrich der Große war ein eigenartiger

Patriot. Der berühmte Preußenkönig, der ein guter Freund Voltaires und der französischen Aufklärung war und besser Französisch sprach als Deutsch, ignorierte die Sprache und Literatur seines Volkes sein Leben lang. Daß Goethe Kosmopolit war, ist selbstverständlich. Aber daß er sich eine 5 Zeitlang nicht entscheiden konnte, ob er französischer oder deutscher Dichter werden sollte — das ist typisch deutsch! Ein anderes Kapitel sind die Deutschen im Ausland. Diese Deutschen, die ihrer Sehnsucht nach der Ferne folgten, sind in einem Dilemma. Denn im Ausland 10 kann man sich schlecht nach dem Ausland sehnen. Aus der geliebten Ferne erscheint daher vielen das Vaterland in rosigeren Farben. Zu ihnen gehört mein Freund Walter Berger, der seit Jahren in New York lebt. Als wir neulich beim Lunch auf den mürrischen Kellner mit dem groben, 15 deutschen Akzent warteten, sagte ich: „Typisch deutsch, nicht wahr?"

Mein Freund sah mich erstaunt an. Es dauerte eine Weile, bis er meine Bemerkung verstanden hatte. Schließlich lachte er: „Ja, in Deutschland würde man so einen 20 unhöflichen Kellner als typisch deutsch bezeichnen. Aber hier, so viele Jahre und Meilen von allem Deutschen entfernt, bedeutet es eher eine Anerkennung als eine Kritik. Typisch deutsch sind für mich der deutsche Fleiß, die deutsche Präzisionsarbeit, die deutsche Gemütlichkeit, die 25 Tiefe, die mehr als Gründlichkeit ist, und das gute Münchner Bier." Er blickte mich mit einem eigenartigen Blinken an. „Sie sind Amerikaner", sagte er impulsiv, „Sie haben es gut. Amerikaner sind praktische, unsentimentale Menschen. Aber als Deutscher schleppt man das Vaterland 30 eine lange Zeit an den Schuhsohlen herum. Manchmal geht es mir wie Heine, der diese Verse in der Emigration in Paris schrieb:

60

Denkt euch, mit Schmerzen sehne ich mich
Nach Torfgeruch, nach den lieben
Heidschnucken der Lüneburger Heid',
Nach Sauerkraut und Rüben. . . .

5 Walter gehörte zu den Deutschen, die sich immer dorthin sehnten, wo sie gerade nicht waren. Um seine Rührung
zu verbergen, trank er sein Glas Münchner Bier mit einem
Schluck aus. Abrupt wechselte er das Thema. Er sprach
von Geschäften und von seinem Sohn, der an der Columbia-
10 Universität Staatswissenschaften studierte.
Erst als er die amerikanischen Zustände, die hohen
Steuern, die Inflation und die Kandidaten für die Gouver-
neurswahlen kritisierte, wußte ich, daß er auf seine deutsche Art zum guten amerikanischen Bürger geworden war.
15 Und erst als er auf den Verkehr in New York, die teuren
Büros, die auf drei Monate ausverkauften Stücke am
Broadway und die Architektur des Whitney-Museums zu
schimpfen begann, war ich sicher, daß er sich hier zu Hause
fühlte.

Surely there is not another language
that is so slipshod and systemless, and
so slippery and elusive to the grasp.

Mark Twain

8 · DIE SCHRECKLICHE DEUTSCHE SPRACHE

Seit langem geht das Gerücht um, daß die deutsche
Sprache eine schwere Sprache ist. Mark Twain behauptete
einmal, daß man dreißig Jahre braucht, um Deutsch zu
lernen! Dagegen, meinte er kühn, könne man die englische
Sprache bereits in dreißig Stunden lernen — wenn auch 5
nicht ihre Orthographie und Aussprache! Wahrscheinlich
dachte er dabei an Amerikaner, die nach England reisen.
Also Leute, die schon etwas mit den Grundlagen des Englischen vertraut sind. Von der französischen Sprache aber
glaubte er, daß man sie in dreißig Tagen meistern könne, 10
der liebe Optimist!

Daß Mark Twain die Schwierigkeit der deutschen
Sprache übertrieben hat, beweist die folgende Szene. Den
Dialog der beiden Teenager, früher Backfische genannt,
werden selbst Personen verstehen, die dem Kursus für 15
Touristendeutsch im Fernsehen nicht folgen konnten.

Im DRUGSTORE von Schwabing*

An einem Tisch zwei deutsche TEENAGER *(weiblich) mit wenig* SEX-APPEAL.

PETRA: (in BLUE JEANS und einem zu großen LUMBER-JACKET) Schade, daß du nicht bei dem HAPPENING warst, das dieser POP-ART-Sammler gegeben hat! Es war eine tolle SHOW mit UNDERGROUND-Filmen und Lichtballett! Die Tänzer traten mit WALKIE-TALKIES auf und die Tänzerinnen mit freien MIDRIFFS. SUPER-SEXY, sage ich Dir!

EVELYN: *(zu Mark Twains Zeiten hätte sie sich Evchen genannt. Sie trägt* SHORTS *und einen* SWEATER *in* FRENCH BLUE*)* So ein richtiger Kultur-SMOG. . . .

PETRA: Wo warst du denn am WEEKEND?

EVELYN: Ich war gar nicht in der CITY. Du weißt doch, mein HOBBY ist CAMPING. Am Abend gingen wir noch zu Karls BEACH-PARTY.

PETRA: Karl ist ein großer HI-FI-FAN. Wie war es denn?

EVELYN: Ach, es war OKAY! Er hat fabelhafte schräge** Musik! HOT JAZZ, BLUES, ROCK, POP, BEAT und Protest SONGS . . . wir hatten eine richtige JAM-SESSION! Um Mitternacht gab es SNACKS. Inge hatte CRACKERS, SANDWICHES und COCA-COLA mitgebracht . . . und Klaus und Bernd MIXTEN ganz verrückte Milch-SHAKES!

PETRA: Die beiden sind ein TEAM. Mit ihren BEATLE-Frisuren sehen sie aus wie echte HIPPIES.

EVELYN: BEATLE-Frisuren sind der TREND. Bernd ist wirklich sehr SMART. Er liest gern . . . besonders DIGESTS.

---

* *Schwabing* ist das Greenwich Village von München
** *schräg (oblique, slanted)* im Jargon der Teenager „*cool*"

Er kennt alle BESTSELLERS und hat einen Haufen
Bücher . . . SECOND HAND natürlich!

PETRA: Deshalb hat er es auch GEMANAGED, einen so guten
JOB zu bekommen! Er schreibt HUMAN-INTEREST-
STORIES. . . .   5

EVELYN: So? Ich dachte, er hat etwas mit PUBLICITY für
COMIC-STRIP-Hefte zu tun!

PETRA: Ich bin da vielleicht nicht so UP TO DATE. Mir hat er

einmal gesagt, er muß berühmte PLAYBOYS VERFEA-
TUREN!
EVELYN: Nein, über HIGH SOCIETY schreibt sein Boss. Der
kennt das ganze JET-SET. Manchmal berichtet er in
5   seiner GOSSIP-KOLUMNE auch über FESTIVALS und
MUSICALS. . . .
PETRA: *(blickt auf der Uhr und steht auf)* Ich muß zu
diesem MEETING. . . . PUBLIC RELATIONS Experten
von der COMPUTER-Industrie sprechen über OUTPUT
10   und INPUT des. . . .
EVELYN: Ach, so ein langweiliges ROUNDTABLE-Gespräch!
Wer ist denn MODERATOR?
PETRA: Einer vom ESTABLISHMENT aus Bonn. So ein ALL-
ROUNDMAN, der früher mal LOBBYIST war und immer
15   von PRESSURE GROUPS spricht. . . .
EVELYN: *(steht auch auf)* Ich muß einkaufen gehen. Ich
brauche HaarSPRAY, EYELINER und CAKE-MAKE-
UP. . . . und dann will ich mir noch die TRAVEL-Kol-
lektion ansehen. . . .
20 PETRA: In welcher Kunstgalerie hängt die denn?
EVELYN: *(lacht laut wie über einen guten GAG)* Die hängt
im Kaufhaus Horn! Ich spreche nämlich nicht von
Bildern, sondern von Reisekleidung, NON-IRON natürlich!
25   Mit Recht fragt man: Und das ist Deutsch? Überraschend einfach, nicht wahr? Allerdings sind nicht alle
Deutschen Teenager! Doch findet man Amerikanismen,
zwar nicht in ganz so konzentrierter Form, auch in den
Zeitungen und Magazinen. Mit ihrer Hilfe kann der Ame-
30 rikaner den Inhalt der meisten Artikel verstehen oder
erraten. Sie sind die Brücken, die ihn über die Flut der
unbekannten deutschen Wörter tragen. Und selbst in der
Literatur und Poesie sind die Amerikanismen zu Hause.

65

Wie angenehm klingen zum Beispiel die Verse von Hans-Joachim Leidels für amerikanische Ohren:

Nimm *sleeping pills* oder bete ein bißchen,
wer nachts im Walde pfeift, pfeift aus Angst.

Vom Kochtopfdeckel zum Treppenhaus 5

Neben den Amerikanismen hilft die Großschreibung der Hauptwörter beim Studium des Deutschen sehr! Völlig unbekannte Wörter lassen sich auf diese Weise sofort als Hauptwörter identifizieren. Welche andere Sprache hat so viel Methode? Wenn jemand ein Hauptwort mit einem 10 Namen oder einem Teil davon verwechselt (Namen und Teile davon schreibt man natürlich auch groß), so ist das wirklich seine eigene Schuld.

Eine weitere geniale Sache ist die Zusammensetzung von mehreren Hauptwörten zu einem neuen Wort. Welche Mög- 15 lichkeiten bieten sich der Phantasie hier! Wie klar und einfach wird die Sprache dadurch!

Ein Topf, mit dem man kocht, ist ein KOCHTOPF! Sucht man den Deckel des Topfes, mit dem man kocht, so fragt man einfach nach dem KOCHTOPFDECKEL! Die 20 Genialität des Systems wird aber so recht klar, wenn der Deckel des Topfes, mit dem man kocht, eine Verzierung hat. Wie elegant klingt doch das schöne einmalige Wort dafür:

KOCHTOPFDECKELVERZIERUNG! 25

Ja, Deutsch ist eine praktische Sprache. Außerdem macht es großen Spaß, Wörter zu erfinden, die nicht im Wörterbuch stehen. Versuchen Sie es einmal!

Allerdings kannte ich einen Engländer, (er bat mich, seinen Namen zu verschweigen — und das aus gutem 30 Grund), dem das Zusammensetzen der Wörter einige Schwierigkeiten machte.

„Heißt es nun Fensterglas oder Glasfenster?" fragte er mich einmal.

Ich sah ihn mitleidig an. „Das kommt darauf an, was Sie meinen", antwortete ich sanft. „Ein Fensterglas ist ein Glas für ein Fenster, und ein Glasfenster ist . . . na ja, es ist . . . ein Fenster, das aus Glas gemacht ist."

„Es ist also ganz gleich . . ."

„Nun, ganz gleich ist es nicht . . .", erwiderte ich geduldig.

„Dann ist also eine Glasscherbe ein Glas, das aus Scherben gemacht ist?"

„Natürlich nicht! Eine Glasscherbe ist eine Scherbe, die aus Glas gemacht ist", erklärte ich ruhig.

„Jetzt verstehe ich", sagte er freudig, "und ein Weinglas ist ein Glas, das aus Wein gemacht wird!"

„So etwas gibt es doch gar nicht", antwortete ich etwas ärgerlich.

„Warum sagt man dann nicht Glaswein, um den Unterschied klar zu machen?" fragte er enttäuscht.

„Weil es weder einen gläsernen Wein noch das Wort Glaswein gibt! Man sagt ein Glas Wein. . . ."

„Aha, ich verstehe, ein Glas Wein wäre also nicht ein Wein, der aus Glas ist . . ."

„Das kann man wohl sagen!" murmelte ich verzweifelt.

„Dann ist auch ein Glastier nicht ein Tier aus Glas?"

Ich begann, nervös zu werden. „Aber ja, ein Glastier ist ein Tier, das aus Glas gemacht ist."

„Und ein Opernglas wird aus Oper gemacht?"

„Nehmen wir ein anderes Beispiel", rief ich niedergeschlagen. „Sehen Sie, ein Handschuh ist ein Schuh für die Hand . . ."

Der Engländer sah mich erstaunt an. „Daß Sie Schuhe an den Händen tragen . . . komisch. . . ." Er schüttelte den

Kopf und lachte schließlich: „Gut, dann ist wohl ein Hausschuh ein Schuh fürs Haus?"

Ich nickte glücklich. 5 Endlich hatte er es begriffen.

„Und Schuhhaus kann man nicht sagen?" setzte er zögernd hinzu. 10

„Doch, aber ein Schuhhaus ist ein Haus für Schuhe . . . ein Schuhgeschäft!"

„Und ein Eckhaus ist 15 ein Haus für Ecken?" Er sah mich zweifelnd an.

Er hatte das Vertrauen zu mir verloren.

„Nein", erklärte ich erregt, „es ist ein Haus an der Ecke!" 20

„Ich dachte, das ist eine Hausecke . . . und ein Treppenhaus ist ein Haus an der Treppe?"

Ich schüttelte traurig den Kopf.

„Eine Treppe am Haus?" riet er weiter.

„Nein, das ist eine Haustreppe. Ein Treppenhaus ist 25 ein Haus für die Treppe . . ."

„Was? Ein Haus für die Treppe?" rief er ungläubig. Der Mund stand ihm offen. Er gab mir einen merkwürdigen Blick und verabschiedete sich eilig.

Ich muß gestehen, dieser Mensch mit seinen vielen Fra- 30 gen hatte micht recht verwirrt. Dabei ist die Sache so einfach!

Vom Dativ und Marathonsätzen

Es muß zugegeben werden, daß die Deutschen gern konjugieren und deklinieren. Alles, was sich in einen Satz verirrt, muß sich nach bestimmten Regeln (oder Ausnah-
5 men) beugen. Mark Twains Vorschlag, *the ornamental folly*, den Dativ, abzuschaffen, wird von den meisten Ausländern befolgt. Es ist schade, daß Twain für die drei Artikel und die Flut der Präpositionen, die alle verschiedene Fälle regieren (mit Ausnahmen natürlich), keine
10 ähnlich konstruktive Kritik hatte. So bleibt denn nichts anderes übrig, als das zu tun, was Generationen vor uns taten: alles auswendig zu lernen!

Doch diese kleine Mühe ist nicht der Rede wert, wenn man die angenehmen Seiten der deutschen Sprache be-
15 trachtet. Man nehme zum Beispiel das Wort „sie." Drei Buchstaben — und welche Belohnung! Sechs Wörter verbergen sich in ihnen. „Sie" bedeutet nicht nur *you, she, her, them* und *they*, sondern auch *it!*

Mit nur zwei Buchstaben, „i" und „n", kann man be-
20 stimmten Wörtern die weibliche Form geben: aus Freund wird Freundin! *A lady professor* ist eine Professorin, *an English woman* eine Engländerin und *a female wolf* eine Wölfin. Was könnte leichter sein? Der Anfänger sei jedoch vor Ausnahmen gewarnt: *a female cat* ist nicht eine
25 Katerin, sondern eine Katze und *a German woman* ist nicht eine Deutscherin, sondern eine Deutsche.

Besonders erfreulich ist es, daß man im Deutschen alle Wörter so ausspricht wie sie geschrieben werden. In dieser systematischen Sprache gibt es kein Wort wie *bow*,
30 bei dem man erst herausfinden muß, ob das Subjekt eine Verbeugung macht, eine Schleife bindet, am Bug des

69

Schiffes steht, Geige spielt oder wie ein Hund bellt, ehe man es aussprechen kann.

Aber genug von den Vorzügen. Ganz offen soll hier auch Kritik geübt werden. Kritik an den endlosen, bandwurmartigen Sätzen, die die Deutschen so lieben. Diese form- 5 losen Ungetüme verwirren oft nicht nur den Leser, sondern auch den Verfasser. Goethe muß an diese Marathonsätze gedacht haben, als er sagte: „Der Deutsche ist gelehrt, wenn er sein Deutsch versteht." Leider wird die Länge eines Satzes gern mit der Tiefe des Denkens verwechselt. 10 Je länger der Satz, desto gelehrter glaubt sich der Autor. Wie ein Bandwurm windet sich so eine Wortkette in barocken Linien und Bogen und spielerischen Arabesken zwischen den Kommas und Gedankenstrichen hindurch, bis sie verwickelt und verwirrt — und ein wenig außer Atem 15 — mit einem Punkt zum Stillstand gebracht wird.

Ein Meister dieser Kunst hat keine Mühe, mehrere Seiten mit einem einzigen Satz zu füllen. Eines Tages wird ein sehr ehrgeiziger Schriftsteller ein Buch schreiben, das aus einem einzigen Satz besteht. 20

Das kurze Beispiel, das hier zur Illustration gegeben wird, zeigt deutlich, daß der Verfasser ein Amateur ist.

„Während Anna unentschlossen auf dem leeren, weiten Platz stand, auf dem die Kinder mit lautem Lachen unter blühenden Bäumen spielten, während sie über die vergan- 25 genen Tage nachdachte, die sie mit Walter und den Kleinen im Hause seiner Eltern verbracht hatte, drei unbeschwerte Tage in dem friedlichen Dorfe am Rande der nach Erika duftenden Lüneburger Heide, — weit ab vom Lärm und von der Angst der großen Stadt, die ihre Ener- 30 gien und Gefühle auch in diesem Augenblick wieder zu narkotisieren drohten — spürte sie plötzlich eine ungeheure Sehnsucht nach ihrer eigenen Heimat, den Bergen,

die so blau waren, daß sie sich am sonnigen Mittag mit
dem flimmernden Blau des Himmels vereinigten, den wei-
chen grünen Wiesen, durch die klare kalte Bäche tanzten,
der alten Lene, die seit Jahren grau und gebeugt mit einer
5 Strickerei auf der Bank am Fenster saß, und Toni, dem
wilden, braungebrannten Gefährten ihrer Kindheit und
Jugend, um den sie sich im Geheimen gesorgt hatte, weil
er zu den Burschen gehörte, die von den Bergen besessen
waren, besessen wie jener Amerikaner, Mister Roberts,
10 dem an einem kühlen, nassen Herbsttage die Südwand zum
Schicksal wurde, und wie sie mit der geballten Hand über
ihre Augen wischte, um Tonis Gesicht aus dem Gedächtnis
zu löschen, bemerkte sie mit Überraschung, daß ihre Hand,
in der sie die Geldscheine hielt, feucht war, und die zer-
15 knitterten Scheine sie an Walters Sucht, das Geld zu verschwenden erinnerten, weil er nichts vom Gelde verstand
und nichts vom Gelde wußte, mit dem man die Miete
zahlen mußte, das man festhalten mußte, um Schuhe für
die Kleinen und Margarine zum Backen zu kaufen, doch
20 als sie ihre Angst zu bekämpfen suchte, mit geschlossenen
Lippen, da wußte sie auf einmal, daß es nicht Walters
Verschwendung des Geldes war, die sie ängstigte, daß es
nicht sein Leichtsinn war und seine kindische Art, den
Problemen des Lebens auszuweichen, sondern etwas ganz
25 anderes — etwas Unbestimmtes, etwas Unglaubliches —
daß es Toni war, um den sie sich wirklich ängstigte, um
den sie die langen Jahre in Sorge gelebt hatte, und als sie
mit müder Hand den Kindern das Zeichen zum Gehen
winkte, sah sie Walter auf der anderen Seite des Platzes
30 mit langsamen nonchalanten Schritten auf sie zu kommen."
 Hoffnungslos? Gewiß! Aber nicht, wenn man der ein-
fachen Regel folgt, die für alle Marathonsätze gilt. Nachdem man sich eine Zigarette angezündet hat, (es kann auch

eine Zigarre sein) liest man den Satz vom Anfang bis zum ersten Komma und vom letzten Komma bis zum Punkt. Also in diesem Falle: „Während Anna unentschlossen auf dem leeren, . . . sah sie Walter auf der anderen Seite des Platzes mit langsamen nonchalanten Schritten auf sie zu kommen." Die Sache hängt nicht ganz zusammen. Aber man weiß genug. Ohne allen Zeitverlust geht man zum nächsten Satz — oder aber, man macht einen Spaziergang und vergißt das Ganze.

Hail multifarious air!
Anonymous Elizabethan poet

9 · GUTE LUFT!

"Gute Luft heute, Mister Brill!" sagte meine Wirtin und
atmete die kalte Morgenluft, die durch das offene Fenster
in ihre Küche drang, tief ein. Jeden Morgen begrüßte
mich Frau Schneider mit einer ähnlichen Bemerkung über
5 die Eigenschaft der Luft. Ob die Luft frisch oder muffig
war, milde oder scharf, naß oder kalt, feucht oder schwül,
dick oder stickig, das wurde von ihr täglich festgestellt
und erörtert.
    In keinem anderen Lande der Welt wird mehr über so
10 wenig Substantielles gesprochen wie in Deutschland: nämlich über Luft! Wenn sich der Engländer über das Wetter

73

beklagt und der Amerikaner über die „humidity", dann spricht der Deutsche von der Luft. Dieses Thema interessiert die Marktfrau ebenso wie den Minister.

Frau Schneider hat — wie viele Deutsche — eine Passion für Luft. Luft ist für sie nicht nur die Kombination 5 von Gasen, die man zum Atmen braucht, sondern auch eine Art Medizin.

„Ich sage immer, mit Licht, Luft und Sonne kann man beinahe alles heilen", erklärte Frau Schneider an jenem Morgen etwas außer Atem, während sie vor dem Fenster 10 ihre Atemübungen machte. „Sehen Sie, Mister Brill", fuhr sie fort, „wenn S i e Kopfschmerzen haben, nehmen Sie eine Pille! Wenn i c h Kopfschmerzen habe, mache ich einen Spaziergang in der frischen Luft!" Sie blickte in den grauen Himmel mit den dicken, schwarzen Wolken, die 15 schon seit einer Woche über der norddeutschen Stadt hingen.

„Auf Licht und Sonne ist bei uns in Deutschland leider nicht immer Verlaß", bemerkte sie mit einem trockenen Lachen. „Aber gute Luft haben wir fast immer . . . und nicht nur in den Luftkurorten!" 20

Frau Schneider hatte viel Sinn für Humor. Sie war bei weitem eine der nettesten Wirtinnen, die mir begegnet sind. Manchmal bin ich davon überzeugt, daß ihr angenehmer Charakter etwas mit ihrer Philosophie von der Luft zu tun hatte. 25

„Wenn Sie Asthma haben, ist so ein Luftkurort genau das Richtige!" meinte sie, bevor sie ihre Lungen erneut voll Luft pumpte.

Zum Glück hatte ich kein Asthma. Doch kannte ich einige dieser Luftkurorte, die es zu Hunderten im ganzen 30 Lande gibt. Ich glaube, sie sind eine deutsche Erfindung. Im Gegensatz zu den Badekurorten mit ihren heilenden Mineralwassern, die man entweder trinkt oder zum Baden

74

benützt, — oft tut man auch beides — braucht ein Luftkurort nur reine Luft zu haben. So manches verlassene,
aber ehrgeizige Dorf in den Bergen oder an der See, das
keine Fabrik sein eigen nennt, kann sich durch den Bau
von ein paar Luxushotels zu einem Luftkurort aufschwin- 5
gen. In diesen Luftkurorten wird die Luft langsam wie der
Duft einer Blume eingeatmet. Die Bemerkung, „Gute
Luft, heute", die sich die Kurgäste alle paar Stunden
zurufen, wird jedesmal von einem tiefen Atemzug begleitet.
In den sehr teuren und eleganten Luftkurorten wird die 10
Luft feierlich inhaliert, als ob jeder Atemzug einen Dollar
kostet—und das kostet er auch!
   Eine andere interessante Einrichtung sind die Luft-
bäder. Die Deutschen gehen dorthin, um — ja, es klingt
unglaublich — in der Luft zu baden! Ein Luftbad be- 15
schreibt man am besten als Schwimmbad ohne Schwimm-
bassin. Die Leute liegen oder sitzen im Badeanzug (in
einigen Luftbädern auch ohne) auf einer Wiese, oder sie
laufen auf Zehenspitzen im Gras herum. Wahrscheinlich,
weil man so besser in der Luft baden kann.   20
   „Mit frischer Luft kann man manches vertreiben, wofür
es keine Pillen gibt", unterbrach Frau Schneider tief aus-
atmend meine luftigen Gedanken.
   Ich sah sie fragend an.
   Sie gab mir einen autoritären Blick: „Von seelischen 25
Depressionen bis zum Kommunismus!"
   Ich wußte nicht recht, ob sie sich über mich lustig
machte, oder ob sie im Ernst sprach.
   „Gegen seelische Depressionen ist Luft, oder genauer
gesagt Luftveränderung, immer noch das beste Mittel", 30
behauptete sie kühn. „Ein junges Mädchen, das blaß und
mit roter Nase zu Hause sitzt und über einen untreuen
Freund weint, braucht Luftveränderung! Die frische Luft

am Strand oder in den Bergen gibt ihr neuen Mut! Und dann besteht immer die Möglichkeit, daß sie dort einen jungen Mann kennenlernt, der auch gerade Luftveränderung braucht!" fügte sie mit einem lustigen Augenzwin-
5 kern hinzu.

Ich nickte schweigend. Ihre Theorie war mir zwar nicht ganz klar, aber praktisch war sie wohl.

„Gut", sagte ich daher, „doch jetzt möchte ich gern wissen, was die frische Luft mit dem Kommunismus zu tun
10 hat!" Ich war wirklich neugierig.

Sie antwortete nicht gleich, denn sie hatte gerade wieder einen langen Atemzug genommen. Endlich erwiderte sie: „Sie kennen mein Motto: Licht, Luft und Sonne! Unter diesem Motto baut man jetzt überall die neuen
15 Arbeitersiedlungen. Die Häuser sind durch Rasen und Bäume so weit voneinander getrennt, daß jedes Zimmer genug Licht und Luft bekommt. Natürlich haben alle Wohnungen Balkons zum Sonnen. Früher wohnten die Arbeiter bei uns in den Großstädten in Mietskasernen.
20 Um Platz und Geld zu sparen, baute man sie so dicht hintereinander, daß kaum ein Lichtstrahl in die Zimmer fiel. Blasse Kinder spielten in engen, dunklen Hinterhöfen. In diesen licht-und luftlosen Behausungen gab es keinen Platz in der Sonne. Der Kommunismus war dort ebenso
25 zu Hause wie die Tuberkulose . . .", sie brach plötzlich ab. „Entschuldigen Sie, ich habe ganz vergessen, im Wohnzimmer die Fenster zu öffnen! Und die Betten muß ich auch lüften!"

Ich nahm meinen Hut und machte mich eilig auf den
30 Weg zur Bibliothek. Denn um keinen Preis wollte ich Frau Schneider bei dieser wichtigen täglichen Zeremonie stören. Ob es draußen kalt war oder warm, ob Sommer oder Winter, die Betten der Familie mußten gelüftet

werden. Bettdecken und Kopfkissen
wurden zu diesem Zweck ein oder zwei
Stunden ins offene Fenster gelegt.
Frau Schneider hatte mir gleich zu
Beginn unserer Bekanntschaft erklärt, 5
daß das Lüften der Betten absolut notwendig sei. Denn nichts ist ungesun-
der als das Schlafen in ungelüfteten
Betten.

Auf dem Weg zur Stadt stellte ich 10
jeden Morgen erfreut fest, daß Frau
Schneider nicht die einzige Hausfrau
war, die eine gesunde Familie haben
wollte. So manches Fenster zierten
pralle, weiße Federdecken und Kopf- 15
kissen, die sich voll von frischer Luft
— und gelegentlich auch Sonne —
sogen.

Bei meiner Rückkehr am Nachmittag wurden dieselben Fenster oft von 20
den Hausfrauen geziert. Beide Ellbogen bequem auf das Fensterbrett ge-
stützt, bekamen sie auf diese Weise ihr
Quantum frische Luft, ohne den Kuchen im Ofen zu vernachlässigen. 25
Nicht selten regte die frische Luft zu
einer Unterhaltung von Fenster zu
Fenster an, bei der die letzten Neuigkeiten ausgetauscht wurden. Die meisten Hausfrauen sind daher stets über 30
alles gut informiert. Von ihren Posten
sehen sie außerdem sofort, — ohne es
zu wollen, natürlich — wenn Frau

Fischer einen neuen Hut hat und wenn Fräulein Lehmann von ihrem Chef, dem Herrn Dr. Müller, im eleganten Mercedes nach Hause gebracht wird. Und es ist verständlich, daß sie sich beim Kaffeeklatsch darüber ihre Gedanken
5 machen.

Frau Schneider guckt aus Prinzip nicht aus dem Fenster, um frische Luft zu schnappen. Sie will nicht für neugierig gehalten werden. Sie setzt sich entweder auf ihren Balkon oder in ein Café, wo man im Freien Kaffee
10 trinken kann. Wie so viele andere Leute, die auch wegen der Luft ins Café gehen, bestellt sie zu der Tasse Kaffee ein Eclair oder einen Mohrenkopf, der ein rundes Eclair ist.

Ich habe mich oft gewundert, warum in den Cafés die Tische auf den offenen Terrassen immer bis auf den letz-
15 ten Platz besetzt sind. Selbst an kalten Tagen sieht man dort frierende Damen und Herren mit wollenen Schals und Handschuhen ihren Kaffee trinken. Nicht Wind und Wetter, nicht Staub und Auspuffgase können diese Luftenthusiasten ins warme Innere der Cafés treiben.
20 Sonntags sorgte Frau Schneider dafür, daß die ganze Familie an die frische Luft kam. Noch etwas verschlafen fuhren sie mit dem ersten Autobus zu ihrem Schrebergarten am Rande der Stadt.

„Wenn Sie nichts Besseres vorhaben", sagte Frau
25 Schneider am letzten Sonntag zu mir, „würden wir uns sehr freuen, wenn Sie mit uns kämen. . ." Damit gab sie mir eine riesige Tasche mit genug belegten Broten für die ganze Nachbarschaft. In einem Schuhkarton trug Herr Schneider Pflanzen und Samen. Seine Frau hatte die große
30 Thermosflasche unter den Arm genommen, und die Kinder brachten Teller und Tassen.

Nach einer halben Stunde hatte uns der Bus an die Peripherie der Stadt gebracht. Durch verschlafene Vorstadt-

straßen und verlassene Parks ging es von dort aus zu Fuß
weiter. Hinter den Eisenbahnschienen wurde endlich eine
größere Gartenanlage sichtbar, deren blühende Bäume im
zartesten Weiß und Rosa leuchteten: die Schrebergärten!
Bei näherer Betrachtung sah ich, daß die Schrebergär- 5
ten winzige Gärten sind, die sich zu einer Kolonie zusam-
mengeschlossen haben. Von Herrn Schneider erfuhr ich,
daß man sie billig von der Stadt pachten kann und sie, aus
irgend einem Grunde, fast immer bei den Eisenbahnschienen zu finden sind. Auf kleinstem Raum, der Garten der 10

Schneiders war kaum 25 Meter im Quadrat groß, werden
hier unglaubliche Mengen von feinstem Obst und Gemüse
geerntet. Herr Schneider zeigte mir stolz seine drei Apfel-
bäume.
5   „Drei Zentner Äpfel hatten wir im letzten Jahr", sagte
er und paffte zufrieden an seiner Pfeife. „Und von diesem
Kirschbaum konnte meine Frau fünfzig Gläser Marmelade
kochen!"
     Spargel und Bohnen wuchsen friedlich neben Tulpen
10 und Margeriten. Und wo immer sich ein Hälmchen Unkraut hervorwagte, war Herr Schneider mit der Hacke zur
Stelle. Die Pflanzen, die er einzeln liebevoll mit der Gießkanne begoß, waren groß und glänzend wie im Katalog.
Die feuchte, weiche dunkelbraune Erde strömte einen wun-
15 derbaren aromatischen Duft aus. Zum Mittagessen hatte
Frau Schneider den Tisch in der Laube gedeckt, die sich
am Ende des Gartens unter Heckenrosen verbarg. Die
belegten Brote wurden mit dem grünen Salat und den frischen Erdbeeren, Minuten zuvor von den Kindern ge-
20 pflückt, zu einer beinahe festlichen Mahlzeit. Den nach
Sonne duftenden Salat, über den Frau Schneider etwas
Milch und Zucker gegeben hatte, werde ich lange nicht
vergessen! Noch nie haben mir Vitamine so gut ge-
schmeckt.
25   Am Abend kamen die Sonntagsgärtner in ihren Lauben
zusammen. Die Männer ruhten sich bei einem Glas Bier
aus, und die Frauen sprachen über Rezepte für Erdbeermarmelade und die Kunst des Konservierens von Spargel.
Die Kinder tobten lachend durch die dunklen Gärten und
30 spielten Versteck. Ein milder Mond beleuchtete Blüten
und Büsche, in denen die ersten Zikaden zirpten. Nachdem
ich diese friedliche Szene eine Weile in aller Ruhe betrachtet hatte, wurde es mir klar, daß die Schrebergärten

das bürgerlichste Idyll sind, das man sich vorstellen kann. Nach einem langen Tag in der frischen Luft fuhren die Gärtner müde und zufrieden mit dem letzten Bus in die Stadt zurück. Auf dieser Fahrt ereignete sich etwas, was ich nie verstehen werde. Frau Schneider, die die Luft so liebt, wollte die Fenster geschlossen haben! Wenn draußen der Nordwind bläst, daß sich die Bäume biegen, das ist für sie frische, gute Luft. Sie würde trotzdem die Betten lüften, einen Spaziergang gegen Kopfschmerzen machen oder auf der Terrasse ihres Cafés einen Mohrenkopf essen.

Doch als jemand im überfüllten Bus das Fenster öffnete und die milde Mailuft hereinließ, begann sie energisch zu protestieren.

„Es zieht! Bitte, machen Sie das Fenster zu!" rief sie ärgerlich.

„Es zieht!" riefen auch andere, denen man ansah, daß sie Wind und Wetter gewohnt waren.

Von Frau Schneider wurde ich belehrt, daß die Luft, die durch das Fenster in den Bus kommt, nicht frische Luft ist, sondern ungesunde Zugluft, von der man sich den Tod holen kann.

Wie gesagt, es gibt Dinge zwischen Rhein und Donau, die ich nie verstehen werde!

10 · LERNEN SIE KOCHEN, GNÄDIGE FRAU!

Eine alltägliche Geschichte in drei Akten
(mit Varianten)

PERSONEN:

MONIKA, *ein junges Mädchen*   CHARLIE, *ein junger Mann*
HILDE, *die gute Freundin*   MAX, *ihr Ehemann*
BRÖSELMANN, *ein Mann mit*   KELLNER, *der Mann mit*
5   *Charakter*   *der Rechnung*

ERSTER AKT

Modernes, geschmackvoll eingerichtetes Wohnzimmer. Die
Bilder, die an den Wänden hängen oder malerisch auf dem
Fußboden stehen, und die Bücher in den etwas unordent-
10 *lichen Regalen geben dem Raum eine betont künstlerische*
Note. Die Bewohnerin, MONIKA, *und ihre Freundin* HILDE

sitzen schweigend auf der eleganten schwarzen Couch und
trinken Tee.

HILDE: Warum bist du denn heute so schweigsam, Monika?
Hast du Ärger im Verlag gehabt?

MONIKA: *(schüttelt schweigend den Kopf)*   5

HILDE: Also sag schon, was es ist! Wenn jemand unglücklich ist, hat das doch manchmal einen Grund!

MONIKA: Wer sagt denn, daß ich unglücklich bin!

HILDE: Niemand! Du hast auch keinen Grund dazu. Du
bist jung, siehst deinem Paßbild in keiner Weise ähn-   10
lich . . . verdienst viel Geld mit deinen Zeichnungen
. . . hast diese süße kleine Wohnung . . . und deine
Freiheit, um die ich dich als alte Ehefrau immer ein
bißchen beneide . . .

MONIKA: *(leicht)* Ja, ich bin so frei, daß ich vier Abende   15
in der Woche allein zu Hause sitze! Ist es dir vielleicht schon einmal aufgefallen, daß ich im Juni
sechsundzwanzig werde und weder verlobt noch verheiratet bin?

HILDE: *(überrascht)* Also das ist es! Du hast wohl Liebes-   20
kummer? Ist es Werner? D e r wäre mir sehr unsympathisch! Ach, ich weiß, — es ist der reizende
Mensch, der auf der Gesellschaft bei den Kirdorfs
war . . .

MONIKA: *(nickt)* Du findest ihn also auch nett?   25

HILDE: Sogar sehr! Er macht einen zuverlässigen Eindruck! Eine Zukunft hat er auch! Denn er wird doch
sicher einmal den Verlag seines Onkels übernehmen . . .

MONIKA: *(enttäuscht)* Ach, du meinst den langweiligen   30
Bröselmann!

HILDE: Und du meinst diesen optimistischen Amerikaner

84

... den Soziologen oder Zoologen! Er sieht ja sehr nett aus ...

MONIKA: Er i s t auch nett! Wir haben uns einige Male getroffen ...

HILDE: Na und ...? 5

MONIKA: Und nichts! Er bewundert mein Talent als Zeichnerin!

HILDE: Das ist schlecht! Was willst du überhaupt mit einem Amerikaner? Das sind Männer, die Kaugummi kauen, den Burgunder mit Eis servieren und dauernd 10 über Baseball sprechen!

MONIKA: Aber nicht Charlie! Ich hatte mir sogar ein Buch über Baseball gekauft, weil ich glaubte, dieses Thema beherrschen zu müssen! Die vier Mark hätte ich sparen können! 15

HILDE: O je! Ich glaube, du interessierst dich mehr als ein bißchen für diesen Charlie! Weißt du, daß die amerikanischen Männer ihre Abende in Herren-Klubs verbringen?

MONIKA: Vielleicht, wenn ihre Frauen in die Frauen-Klubs 20 gehen! Auf jeden Fall helfen sie ihren Frauen im Haushalt ...

HILDE: Das tun die deutschen Männer auch! Mein Max hilft mir oft ... er hängt die Wäsche auf und trocknet das Geschirr ab ... 25

MONIKA: Eine Ausnahme! *(es klingelt)* Wer kann denn das sein? *(Sie öffnet die Tür. Ein Bote überreicht ihr einen Strauß Rosen).* Sieh mal, Hilde! Sind sie nicht wunderbar ... bestimmt von Charlie! *(Während sie die Karte liest, verschwindet ihr glückliches Lächeln).* 30 Ach, Bröselmann hat sie geschickt ... *(Gleichgültig stellt sie die Blumen in eine Vase).* Ein aufdringliches Rot!

HILDE: Ein aufmerksamer Mensch, der Herr Bröselmann!
(kleine Pause) Weißt du, dein Charlie müßte dich
mal als Hausfrau sehen . . . mit der Schürze und
einem Kochlöffel in der Hand. Die Amerikaner den-
5 ken sich doch die deutschen Frauen immer als begeisterte Hausfrauen.
MONIKA: *(die Idee ablehnend)* Ich kann doch Charlie
nicht plötzlich ein naives deutsches Gretchen vorspielen . . . außerdem kann ich nicht kochen! Ich weiß
10 nur, wie man sich schlank ißt mit Grapefruitsaft,
Bierhefe und Weizenkeimen . . .
HILDE: Hör auf! Mit einer Gayelord Hauser Diät kannst du
keinen Mann gewinnen. Männer sind primitiv genug,
das essen zu wollen, was gut schmeckt . . . sie hassen
15 Vitamine!
MONIKA: Du und Großmutter! Ihr beiden habt die gleiche
Philosophie: die Liebe geht durch den Magen!
Glaubst du wirklich, daß ein moderner Mann — und
noch dazu ein Amerikaner — auf solch einen alten
20 Trick hereinfällt?
HILDE: Wahrscheinlich nicht! Nur, wenn ein Mann eine
Frau in häuslicher Tätigkeit sieht, kommen ihm häus-
liche Gedanken.
MONIKA: Da hast du vielleicht recht. Bei einem Vortrag
25 über Nietzsche bekommt er sie jedenfalls nicht! Also
ich werde ihn am Sonntag zum Essen einladen!
HILDE: *(entsetzt)* Aber nicht allein! Sonst denkt er, du
willst ihn einfangen!
MONIKA: *(lacht)* Auf diese Idee würde ich nie im Leben
30 kommen!
HILDE: Max und ich kommen gern als Dekoration . . .
MONIKA: Hildchen, du bist eine wahre Freundin! Jetzt
muß ich nur noch bis zum Sonntag kochen lernen . . .

HILDE: Du kannst ein Gericht lernen, wenn du ein Kochbuch hast . . .

MONIKA: Davon bin ich nicht so überzeugt. Die deutschen Kochbücher sind leider voll von unwissenschaftlichen und ungenauen Anweisungen. Man muß schon ko- 5 chen können, ehe man etwas mit ihnen anfangen kann. Eine Prise Salz! Eine Prise Paprika! Kannst du mir vielleicht verraten, wie groß eine Prise ist?

HILDE: Das hat man doch in den Fingerspitzen!

MONIKA: Ich nicht! Ein anderer Triumph der Ungenauig- 10 keit ist der klassische Satz: man nehme ein Glas Wasser! Oder: man nehme ein Glas Wein! Glaubst du, es wird gesagt, wie groß das Glas sein soll?

HILDE: *(ungeduldig)* So etwas weiß man doch . . . bei einem Kuchen . . . 15

MONIKA: *(unterbricht)* Na, ich weiß so etwas nicht! Aber viel wichtiger ist die Frage: was koche ich! Etwas typisch Amerikanisches ist vielleicht am besten . . . dann fühlt er sich wie zu Hause . . .

HILDE: Also Fleisch mit Marmelade? Und grünen Salat 20 mit süßer Mayonnaise? Danke! Das kann ich meinem Max wirklich nicht zumuten! Außerdem ist es psychologisch falsch. Nicht einmal der Chef von Maxim's kocht so gut wie eine Mutter! Mach lieber etwas typisch Deutsches . . . Sauerbraten mit Klößen 25 . . . oder Schweinebraten mit Sauerkraut . . .

MONIKA: Eine praktische Idee! Wenn beim Kochen etwas schief geht, kann ich sagen: es muß so sein . . .

HILDE: Vergiß nicht, zu erwähnen, daß das Rezept seit Jahrhunderten in deiner Familie ist! *(sieht auf ihre* 30 *Armbanduhr)* O, es ist gleich fünf, ich muß nach Hause! Viel Glück beim Kochen!

MONIKA: Ich habe eine bessere Idee . . . *(nachdem Hilde*

gegangen ist, geht sie zum Telefon) Hotel Vier Jahreszeiten? Bitte, geben Sie mir das Restaurant. . . . Ich
habe am Sonntag ein Essen für vier Personen . . . was
können Sie mir vorschlagen? . . .
5 *Der Vorhang fällt*

ZWEITER AKT

*Dieselbe Szene. Es ist Sonntag. Das Essen ist erfolgreich
verlaufen. Monika trägt ein elegantes hellblaues Kleid
und darüber natürlich eine Schürze.*
10 MONIKA: *(erhebt sich vom Eßtisch)* Ich dachte, den Kaffee
trinken wir in meiner gemütlichen Ecke.
CHARLIE: *(in sehr guter Stimmung)* Aber zuvor möchte
ich auf die guten deutschen Hausfrauen trinken!
(Nachdem die Gäste Monika zugetrunken haben, las-
15 *sen sie sich in der gemütlichen Ecke mit der schwar-*
zen Couch nieder).
MAX: Wenn ich gewußt hätte, daß Sie so gut kochen können, Monika . . . wer weiß, ob ich mich nicht in Sie
verliebt hätte! Hildchen ist eine gute Köchin, aber
20 gegen Sie ist sie eine Amateurin!
HILDE: *(etwas sauer)* Ja, im Hotel Vier Jahreszeiten ißt
man auch nicht besser!
CHARLIE: Daß jemand mit so großem künstlerischen Talent
auch noch Talent fürs Kochen hat, ist unglaublich!
25 HILDE: *(neckend)* Du mußt mir unbedingt verraten, wie
du den Sauerbraten gemacht hast . . .
MONIKA: *(zögernd)* Um die Wahrheit zu sagen, ich begann
damit vor drei Tagen mit einem Telefonanruf . . .
(zu Charlie) das Fleisch muß drei Tage in Wein
30 liegen . . .

89

CHARLIE: *(beeindruckt)* Wirklich? Welche Amerikanerin würde sich die Zeit nehmen!

MAX: *(mit einem Blick auf Hilde)* Leider gibt es auch nur sehr wenige deutsche Frauen, die sich die Zeit dazu nehmen! In Amerika wird wohl fast nur aus Büchsen 5 gekocht?!

CHARLIE: Das ist eine starke Übertreibung! Aber wenn die Zeit knapp ist, wird schnell eine Büchse aufgemacht oder etwas Gefrorenes aufgetaut.

HILDE: Ich werde das auch bei uns einführen. Wir ma- 10 chen uns viel zu viel Arbeit mit dem Kochen!

CHARLIE: Und die Amerikanerin macht sich viel zu viel Arbeit mit dem Problem, was sie n i c h t kochen soll! Denn was sie auf den Tisch bringt, soll in erster Linie gesund sein. Nur ist es so, was heute gesund ist, kann 15 morgen schon als ungesund gelten. Statt Butter gibt es plötzlich Margarine, weil das Cholesterin in der Butter auf einmal gesundheitsschädlich sein soll . . .

MAX: Solche Fanatiker gibt es bei uns auch. Statt eines Schweinebratens essen sie eine Schüssel Salat, als ob 20 sie Kaninchen wären!

MONIKA: Ich finde das ganz vernünftig! Ein jeder weiß, daß man von der „haute cuisine" dick wird und Magenleiden bekommt . . .

MAX: Ja, deshalb wird eines Tages ein Amerikaner eine 25 Pille erfinden, die das Essen ersetzt! Aber mir macht das Essen großen Spaß! Ich verliere lieber meine schlanke Linie, als daß ich es aufgebe! Sagen Sie, Monika, dürfte ich noch ein Stück von dieser wunderbaren, gesundheitsschädlichen Linzer Torte haben? 30 Ein Gedicht . . .

HILDE: Max, du wirst zu dick . . .

(in diesem Augenblick klingelt es: lang und bestimmt)

HILDE: Noch ein Gast?

MONIKA: Kein geladener . . . *(Als Monika die Tür öffnet,*
erscheint ein roter Rosenstrauß und dahinter Herr
Bröselmann persönlich in blau-weißer Sportklei-
dung). Herr Bröselmann! Welche Überraschung!

BRÖSELMANN: Ich hoffe, ich störe nicht, gnädiges Fräulein!
Es ist ein so schöner Tag . . . und da wollte ich Sie
zum Segeln abholen . . . *(er entdeckt, daß Monika*
nicht allein ist) O, Sie haben Besuch . . .

MONIKA: *(nicht begeistert)* Wie nett, daß Sie an mich
gedacht haben! Vielen Dank für die Rosen . . . meine
Lieblingsfarbe! Sie müssen unbedingt eine Tasse
Kaffee mit uns trinken . . . Sie kennen meine Freunde . . .

BRÖSELMANN: *(verbeugt sich vor Hilde)* Gnädige Frau, es
ist eine besondere Freude, Sie wiederzusehen! *(schüt-*
telt erst Max, dann Charlie die Hand. Zu Charlie) Ich
erinnere mich an Sie, wir haben uns neulich bei Professor Kirdorfs kennengelernt . . . *(setzt sich neben*
Monika auf die Couch)

HILDE: *(gibt ihm ein Stück Kuchen, mit Betonung)* Die
Linzer Torte hat Monika selbst gebacken!

BRÖSELMANN: *(erstaunt)* Nicht möglich! Das hätte ich nie
von Ihnen gedacht, gnädiges Fräulein!

MONIKA: Warum nicht? Weil ich einen Beruf habe?

BRÖSELMANN: Das auch . . . Sie sehen einfach nicht so
aus, als ob Sie sich für den Haushalt interessieren . . .

CHARLIE: Viele Frauen haben Berufe und sind ausgezeich-
nete Hausfrauen.

HILDE: Richtig! Bei uns ist jede dritte berufstätige Person
eine Frau . . . und viele von ihnen sind verheiratet . . .

BRÖSELMANN: Deshalb gibt es ja auch so viele Schlüsselkinder . . .

CHARLIE: Schlüsselkinder?

HILDE: Das sind Kinder, deren Mütter arbeiten. Sie tragen
den Wohnungsschlüssel um den Hals, damit sie nach 5
der Schule in die Wohnung können.

BRÖSELMANN: Ein nationaler Skandal! Wenn eine Frau
arbeitet, weil sie allein steht oder ihr Mann nicht
genug verdient, das bewundere ich! *(erregt)* Aber
wenn eine Frau Mann und Kinder vernachlässigt, um 10
Geld für einen Fernsehapparat oder ein Auto zu verdienen, dafür habe ich kein Verständnis!

MONIKA: Aber Herr Bröselmann, wollen Sie die Frau wieder in die Sklaverei des Haushaltes zurückschicken?

BRÖSELMANN: Durchaus nicht. Ich will sie von der Skla- 15
verei der Büros und Fabriken befreien!

CHARLIE: In Amerika sind wir sehr stolz auf die Frau im
Beruf und ihren Einfluß im öffentlichen Leben.

BRÖSELMANN: *(ironisch)* Wollen Sie damit sagen, daß die
Frau, die den Tag hinter der Schreibmaschine oder 20
dem Ladentisch verbringt, ein wertvolleres Mitglied
der Gesellschaft ist als die Hausfrau?

CHARLIE: *(kühl)* Es ist das Recht der Frau, ihren Beruf
frei zu wählen.

BRÖSELMANN: Das streitet niemand ab. Aber wenn eine 25
Frau heiratet, dann hat sie sich für einen Beruf ent-
schlossen . . .

HILDE: Dem Mann die Strümpfe zu stopfen?

BRÖSELMANN: Nein, Frau und Mutter zu sein. Glauben Sie
mir, eines Tages wird die berufstätige Frau entdek- 30
ken, daß ihre Arbeit im Büro oder in der Fabrik
weder wichtiger noch interessanter ist als das Erzie-

hen ihrer Kinder . . . Ibsens Nora wird dann wieder
in ihr Haus zurückkehren!

MAX: Fabelhaft . . . Noras Rückkehr ins Puppenhaus . . .

BRÖSELMANN: Ein Puppenhaus darf es natürlich nicht sein!

5 HILDE: *(empört)* Und wenn die Frau besonders intelligent
ist und sich im Beruf ausgezeichnet hat . . . wie
Monika?

BRÖSELMANN: Wollen Sie die Erziehung unserer Kinder,
die das Fundament für unsere Zukunft ist, den dum-
10 men Frauen überlassen? Kein M a n n kann von
Monika verlangen, ihren Beruf aufzugeben . . . doch
ihre K i n d e r werden es einmal tun . . .

CHARLIE: *(ärgerlich)* Sie wollen also die intelligente Frau
im Haushalt verkümmern lassen! Ist das nicht eine
15 etwas altmodische Ansicht?

BRÖSELMANN: Im Gegenteil! Es ist nur eine altmodische
Legende, daß Frauen im Haushalt geistig verkümmern müssen. Gerade die Hausfrau, die frei über
ihre Zeit verfügen kann, hat die beste Gelegenheit,
20 sich geistig weiterzubilden.

HILDE: Das ist mir neu! Vom Putzen, Kochen und Beaufsichtigen der Kinder sinke ich abends so müde ins
Bett, daß ich nicht einmal die Zeitung lesen kann.

BRÖSELMANN: *(lächelt)* Warum putzen Sie dann nicht
25 weniger, gnädige Frau? Kein Mann will zu einer
müden Putzfrau nach Hause kommen . . .

CHARLIE: Ich will zugeben, daß viele Berufe nicht interessanter sind als die Arbeit im Haushalt. Aber eine
Frau mit einem verantwortungsvollen Posten hat doch
30 viel mehr Anregung und ist daher auch anregender
als die Frau, die den ganzen Tag zu Hause sitzt . . .

BRÖSELMANN: Eine solche Frau, ob sie nun Fabrikdirek-

93

torin ist oder Abgeordnete oder Rechtsanwältin, verliert bald die Gelegenheit, Frau zu sein. . . .
MONIKA: *(spöttisch)* Eine kluge Frau ist wie die Dame mit
dem Bart auf dem Jahrmarkt . . . ein jeder bestaunt
sie . . . aber keiner will sie um sich haben . . .   5
CHARLIE: *(steht nervös auf)* Das sind doch sehr viktorianische Ansichten!
BRÖSELMANN: *(steht gleichfalls auf)* Wenn hier jemand
viktorianische Ansichten hat, dann sind Sie es, mein
lieber Herr Bancroft! Sie wollen immer noch die   10
Frauen emanzipieren, die schon längst emanzipiert
sind und . . .
MONIKA: *(unterbricht schnell)* . . . und ich habe eine Idee!
Wie wäre es, wenn wir alle mit Herrn Bröselmann
segeln gehen. . . . Das heißt, wenn er damit einver-   15
standen ist . . .
BRÖSELMANN: *(steif)* Es wäre mir eine besondere Freude . . .
MONIKA: Gut, dann helfen Sie mir bitte, ein paar Sachen
zu packen . . . kommen Sie . . . *(sie zieht ihn mit sich*   20
in die Küche)
HILDE: Eine erregte Debatte! Und ich dachte, Männer
streiten sich nur über Politik oder moderne Kunst!
MAX: Der Mann hat keine schlechten Ideen. . . . Noras
Heimkehr . . . mir gefällt das . . .   25
CHARLIE: So ganz unrecht hat er nicht . . . *(es klingelt)*
Monika . . . *(ruft in die Küche)* Monika, es ist je-
mand an der Tür . . . soll ich aufmachen? . . . Gut . . .
(in der Tür erscheint der Kellner vom Hotel „Vier
Jahreszeiten“)   30
KELLNER: Ich komme vom Hotel „Vier Jahreszeiten“ . . .
hier ist die Rechnung für das Essen . . . wir hatten

94

vergessen, sie mitzuschicken . . . *(gibt Charlie die Rechnung)* War alles zur Zufriedenheit?

CHARLIE: *(liest erstaunt)* Vier Suppen, vier Sauerbraten . . . *(lacht plötzlich laut)* Danke, ja, wir waren

5   sehr zufrieden!

HILDE: Was ist denn?

CHARLIE: *(steckt die Rechnung in die Tasche)* Nichts,
nichts von Bedeutung!

Der Vorhang fällt

10   DRITTER AKT

Dieselbe Szene am folgenden Nachmittag. MONIKA *und*
HILDE *sitzen auf der Couch und trinken Tee.*

MONIKA: Bitte, sprich nicht mehr von gestern! Dieser Bröselmann hat alles verdorben. Es ging so gut . . . bis

15   er kam und den Streit anfing . . .

HILDE: War es nicht Charlie, der Bröselmann zuerst viktorianisch nannte?

MONIKA: *(ärgerlich)* Sei nicht so pedantisch!

HILDE: Warum warst du eigentlich so lange mit Brösel-

20   mann in der Küche?

MONIKA: *(ungeduldig)* Weil er mich heiraten wollte . . .

HILDE: *(überrascht)* Was? Und das erzählst du mir so
nebenbei! Siehst du, die Liebe geht doch durch den
Magen . . .

25 MONIKA: *(trocken)* Genauer gesagt, durch die Linzer Torte . . . aber wer will denn Bröselmann heiraten?

HILDE: Vielleicht bekommt Charlie denselben Gedanken!

MONIKA: *(bitter)* Kaum . . . während mir Bröselmann in
der Küche Komplimente über meine Kochkunst

30   machte, bekam Charlie die Rechnung.

HILDE: Du meinst, der Mann, der später kam . . .

MONIKA: *(seufzt)* War der Kellner mit der Rechnung vom Hotel . . .

HILDE: Und Charlie nahm sie in Empfang . . . das ist allerdings peinlich! 5

MONIKA: Eine Katastrophe! Beim Abschied hat er mich so merkwürdig angesehen! Ach Hilde, ich fürchte, es ist aus zwischen uns . . .

HILDE: Nimm es dir nicht zu Herzen. Du weißt doch eigentlich gar nichts von diesem Charlie . . . nur, daß 10 er aus Omaha in Nebraska ist . . . dort gibt es bestimmt noch Indianer, die mit vergifteten Pfeilen auf einen schießen . . .

MONIKA: *(muß lachen)* Ein schöner Trost! *(ernst)* Nein Hilde, ich weiß, daß er ein guter Mensch ist . . . und 15 gute Menschen haben gute Schicksale . . .

HILDE: Eine sehr optimistische Weisheit . . . du klingst schon wie Charlie. Mir gefällt Bröselmann recht gut. . . . Er ist ein Mann von Charakter!

MONIKA: Du meinst, er gehört zu den Männern, die ihre 20 Meinung nie ändern! Ja, was er sagt, sagt er mit so viel Autorität, daß ich ihm sogar widersprechen möchte, wenn ich derselben Meinung bin . . .

HILDE: Und bei Charlie weiß man nie, ob er überhaupt eine Meinung hat! Er ist wie die amerikanische 25 Außenpolitik . . . zu elastisch! Weißt du, daß er am Abend völlig mit Bröselmann übereinstimmte?

MONIKA: *(nickt)* Man muß anderen Leuten manchmal recht geben. Es ist das beste Kompliment für diejenigen, denen man sonst nichts Angenehmes zu sa- 30 gen hat!

HILDE: Na, ich war sehr überrascht . . .

MONIKA: Siehst du, das ist es, was mir so an Charlie ge-

fällt . . . er überrascht einen! Männer wie Bröselmann tun das nie, weil man genau weiß, was sie
denken . . . ich finde das langweilig!
HILDE: Na, Überraschungen kannst du doch auch mit deutschen Männern erleben . . .
MONIKA: *(amüsiert)* Das weiß ich aus Erfahrung! Na-
türlich gibt es genau so viele Bröselmanns in Amerika
wie es Charlies in Deutschland gibt . . . nur sind die
Charlies, die ich kenne . . . leider alle schon verheiratet . . .
 (es klingelt dreimal kurz und spielerisch)
HILDE: Wahrscheinlich wieder der Herr Bröselmann . . .
MONIKA: Nein, der klingelt anders . . . lang und bestimmt
 . . . *(Öffnet die Tür. Es ist Charlie.)* Guten Tag . . .
CHARLIE: *(freudig)* Sie sind zu Hause! Wie schön . . .
Ich hatte schon gedacht, Sie sind wieder beim Se-
geln . . . *(sieht Hilde)* Hallo Hilde . . .
HILDE: *(taktvoll)* Guten Tag und auf Wiedersehen! Ich
muß leider noch Einkäufe machen . . . besuchen Sie
uns bald einmal . . . *(ab)*.
CHARLIE: *(ruft ihr nach)* Sehr gern! *(betrachtet Monika
und das Zimmer)* Es ist gemütlich bei Ihnen, Monika!
(studiert die Bilder an den Wänden) Sind diese
Zeichnungen alle von Ihnen?
MONIKA: *(lacht)* Leider nicht! Die beiden Zeichnungen
links sind von Dürer und die daneben von Barlach,
Reproduktionen natürlich! Die beiden Slevogt Aqua-
relle sind echt . . . ich habe sie mir mit dem Geld
für meine erste Buchillustration gekauft . . . Haben
Sie Zeit für eine Tasse Tee?
CHARLIE: *(setzt sich auf die Couch)* Für eine Tasse Tee
habe ich immer Zeit, besonders mit Ihnen! Doch bevor ich es vergesse, ich habe etwas für Sie . . . keine

97

Rosen . . . *(er zieht ein Buch aus seiner Tasche hervor und gibt es Monika)*

MONIKA: Ein Buch! *(überrascht)* Ein Kochbuch?! . . . Der Titel gefällt mir: Lernen Sie kochen, gnädige Frau! 5

CHARLIE: *(lacht)* Unten links steht: ein praktisches Kochbuch für den Alltag . . . ich dachte mir, Sie könnten es gebrauchen . . . Herr Bröselmann scheint viel Wert aufs Kochen zu legen . . .

MONIKA: *(kurz)* Worauf Herr Bröselmann Wert legt, ist 10 mir ganz egal . . .

CHARLIE: *(erleichtert)* Da bin ich aber froh . . . ich dachte schon . . . er und Sie . . .

MONIKA: *(gießt ihm eine Tasse Tee ein)* Ein hübsches Kochbuch, vielen Dank, Charlie! Ich kann es gut 15 gebrauchen!

CHARLIE: Es hat über tausend Rezepte . . . und eine Menge Bilder . . .

MONIKA: Ein amüsantes Vorwort hat es auch! Hören Sie . . . *(liest)* Hat Ihr Gatte Sie in letzter Zeit ver- 20 nachlässigt? Hat eine Rivalin Ihren Freund geheiratet? Laden Ihre Freunde und Nachbarn Sie nur noch zu Weihnachten ein? Sind Sie des Alltags müde? Haben Sie in der vergangenen Woche dreimal Makkaroni gekocht? *(nickt)* Wenn Sie eine oder mehrere 25 dieser Fragen mit Ja beantworten, dann . . . Lernen Sie kochen, gnädige Frau!

CHARLIE: Sie sehen, ohne dieses Buch kann man überhaupt nicht existieren!

MONIKA: Das ist mir klar! Wenn ich wenigstens drei oder 30 vier von den tausend Rezepten lernen könnte . . .

CHARLIE: Da besteht kein Zweifel . . . selbst ich kann ein paar Sachen . . .

MONIKA: *(überrascht)* Sie können kochen?

CHARLIE: Das ist übertrieben . . . ich kann zwei oder drei Spezialitäten . . .

MONIKA: *(mit Charme)* Würden Sie mir die beibringen?

5 CHARLIE: Von mir aus kann der Unterricht sofort beginnen! Allerdings wollte ich mit Ihnen im Hotel Vier Jahreszeiten essen gehen. Es gibt dort den besten Sauerbraten und eine Linzer Torte, die ein Gedicht ist . . .

10 MONIKA: *(halb scherzend, halb ernst)* Ach wissen Sie, dieses Menü erinnert mich an eine besonders dumme und peinliche Episode in meinem Leben. Ich würde lieber mit etwas Neuem experimentieren!

CHARLIE: *(lacht)* Wenn ich meinen Freunden in Amerika
15 erzähle, daß ich ein d e u t s c h e s Mädchen in die Geheimnisse der Kochkunst eingeweiht habe, werden sie das für einen schlechten Witz halten! Aber selbst auf diese Gefahr hin, beginnen wir den Unterricht mit einem typisch amerikanischen Gericht: Beef
20 Stroganoff! Dazu brauchen wir . . . bitte, schreiben Sie sich das auf . . .

MONIKA: *(nimmt Bleistift und Papier zur Hand und schreibt lächelnd mit)*

CHARLIE: Ein Pfund Rindfleisch . . . in dünne Streifen ge-
25 schnitten . . . saure Sahne . . . Paprika . . .

MONIKA: Nicht so schnell . . .

CHARLIE: *(übermütig)* Ich sehe, Sie begreifen schwer . . . da wird der Unterricht allerdings sehr sehr lange dauern . . . also . . . wo waren wir . . . saure Sahne . . . Paprika . . . eine Zwiebel . . .

30
Der Vorhang fällt

*A German daily journal doesn't do
any good to speak of, but at the
same time it doesn't do any harm!*

Mark Twain

11 · VON KOPFBLÄTTERN UND KULTIVIERTEN DAMEN

Ein Amerikaner blickt in die deutschen Zeitungen

Für den modernen Leser, dem genaue, tote und unpersönliche Statistiken mehr imponieren, als ungenaue, vitale, persönliche Beobachtungen, zunächst ein paar Zahlen. In der Bundesrepublik Deutschland gibt es heute 1 369 Tageszeitungen mit einer täglichen Auflage von über 23 Millionen. Daneben existieren rund 5 000 Zeitschriften aller Art, die über 30 Millionen Leser finden.

Und wem das noch nicht genügt, der sei darüber unterrichtet, daß die kleineren Tageszeitungen mit einer Auflage von 5 000 bis 10 000 Exemplaren sechzig Prozent der deutschen Presse ausmachen — und es dem unerfahrenen Touristen passieren kann, dieselbe Zeitung mehrere Male zu kaufen. Allerdings unter verschiedenen Namen!

Mit Erstaunen entdeckte ich auf einer Reise durch Bayern, daß in der „Freisinger Zeitung" dasselbe steht wie in den „Dachauer Nachrichten." Und in Erdingen stellte es sich heraus, daß der „Erdinger Anzeiger" das
5 selbe bringt wie die „Freisinger Zeitung" und die „Dachauer Nachrichten" — mit Ausnahme der lokalen Nachrichten und Anzeigen! Alle drei aber berichten Wort für Wort, was der „Münchner Merkur" über die Krise in Afrika und die letzte Debatte im Bundestag zu sagen hatte.
10 Bei einem Glas Bier im Hotel „Goldener Löwe" erklärte mir der freundliche Redakteur des „Erdinger Anzeigers" dieses merkwürdige Phänomen der „Kopfblätter".

„Die Kopfblätter sind typisch für die deutsche Presse", sagte er sachlich. „Um uns über Wasser zu halten, er-
15 scheinen wir — wie so manche andere kleinere Zeitung — als Kopfblatt. Das heißt, wir bekommen die erste Seite mit den wichtigen politischen und außenpolitischen Nachrichten, also das Kopfblatt, und einen Teil des Inhalts von einer großen Zeitung." Er trank sein Glas in Ruhe aus.
20 „Den lokalen Teil machen wir natürlich selbst", fügte er dann hinzu und ging zum Polizeigebäude hinüber, um zu hören, wie viele Autounfälle sich in den letzten 24 Stunden ereignet hatten.

Das populärste Blatt ist die „Bild-Zeitung". Man kann
25 sie an jeder Straßenecke der Bundesrepublik kaufen. Über 4,5 Millionen Bürger geben dafür jeden Tag fünfzehn Pfennige aus. Sie stellt keine hohen geistigen Ansprüche. In überdimensionalen Bildern und Buchstaben erfährt der Leser die alltäglichen Sensationen. Und was
30 könnte alltäglicher sein als Sex und Mord? Oder was die süße B. B. (früher was es die charmante Gina oder die reizende Melina) über Männer und Mode zu sagen hat?

Zwischen den Kopfblättern und der „Bild-Zeitung" gibt

101

es Hunderte von Zeitungen von verschiedenster Größe und verschiedenstem Ehrgeiz. Aus ihrer Mitte ragen ein halbes Dutzend oder mehr (hier hört die Statistik auf) der angesehensten und einflußreichsten Tageszeitungen, von denen
5 jede zwischen 200 000 und 500 000 Leser hat. In diese Kategorie fallen, um nur einige zu nennen, die „Süddeutsche Zeitung" in München, die „Frankfurter Allgemeine Zeitung" in Frankfurt oder „Die Welt" in Hamburg. Sie alle stellen sehr hohe geistige Ansprüche. Und in Bezug
10 auf Niveau eifern sie alle, oft sogar mit Erfolg, der „New York Times", dem „Christian Science Monitor" oder dem „Manchester Guardian" und „Le Monde" nach. Es ist wahrscheinlich in erster Linie diese würdige Gruppe, die den deutschen Zeitungen den Ruf als schwer verdaulich
15 oder „stuffy" eingebracht hat.

Mein Redakteur vom „Erdinger Anzeiger" meinte allerdings mit Bestimmtheit, daß die deutschen Zeitungen heute diesen Ruf nicht mehr verdienen. Doch sein Volontär, ein sehr respektloser junger Mann, der bei ihm das Zeitungs-
20 geschäft lernte, lächelte ironisch.

„Ja, — abgesehen von den philosophischen Leitartikeln, diesen Meisterwerken der Polemik, für die sich nach den Statistiken nur sieben Prozent der Leser interessieren; den erschöpfenden politischen Prognosen; den tiefen Buch-
25 kritiken, die von manchem Rezensenten dazu benützt werden, den eigenen Geist und Witz vor dem Publikum zu paradieren; den esoterischen Essays über Kunst und Wissenschaft und dem Wirtschaftsteil, der für den Laien ein ewiges Geheimnis bleibt...."
30 Tatsächlich haben sich die deutschen Zeitungen nach dem Krieg stark gewandelt. Sie sind lebendiger geworden. Bilder und Anzeigen sind in ihren Spalten so zu Hause wie bei uns. Selbst die toternste, hochintellektuelle „Zeit" ist

alles andere als „stuffy". Jede einzelne Seite wird mit einem Bild, einer Karikatur oder einer Reklame belebt. Das Bild zeigt freilich nicht eine junge Dame im Badeanzug, sondern einen Staatsmann mit melancholischen Falten oder das imposante Profil eines gefeierten Künstlers. Und 5 natürlich haben die treffenden Karikaturen, die fast immer die politische Situation satirisch beleuchten, nichts mit den „Comic Strips" und „Orphan Annie" zu tun. Eine besonders ernste Seite, wie zum Beispiel die Seite mit dem Artikel „Über den ideologischen Gegensatz zwischen Mos- 10 kau und Peking", wird durch eine Aluminium-Reklame aufgeheitert. Und auch „Die Welt" bringt direkt unter dem Kommuniqué der algerischen Regierung eine Reklame für „M M", den „großen deutschen Sekt".

So etwas schockiert besonders die ältere Generation, die 15 sich noch an die guten alten Zeiten erinnert, als die Anzeigen getrennt vom Text erschienen und keine Reklamen zwischen Moskau und Peking kommen durften. So mancher Verleger und Redakteur würde diese Amerikanisierung wahrscheinlich gleichfalls bedauern — wenn sie 20 nicht so einträglich wäre!

Den Amerikaner erinnert aber noch etwas anderes an die Presse zu Hause: die Einheitlichkeit der Meinung. Ihr Konzert gleicht nicht selten einer Komposition ohne Kontrapunkt. Hauptgrund dafür ist das Zeitungsimperium Axel 25 Springers, dem 81,7% aller auf der Straße verkauften Zeitungen gehören. Von den Oppositionsblättern, die die englische Presse so interessant machen, sieht man nicht viel. Mit wenigen Ausnahmen (darunter „Der Spiegel") trifft auf die westdeutsche Presse das zu, was der bekannte ame- 30 rikanische Journalist und Schriftsteller, A. J. Liebling, über die amerikanischen Zeitungen sagte: ihre Skala reicht von konservativ bis reaktionär.

Es besteht jedoch kein Zweifel, daß der deutsche Leser,

selbst wenn er in Erdingen lebt, über Politik und Außenpolitik stets gut und gründlich informiert wird. Das Netz
der Korrespondenten der großen Zeitungen und Nachrich-
tenagenturen, das sich von Reykjavik (Island) bis Soeul
5 streckt, trägt dafür Sorge.

Trotzdem bleibt der Leser über manches im Ungewissen.
Eine „society page", man müßte das mit Gesellschaftsseite
übersetzen, gibt es nicht. So weiß man zwar durch einen
Bericht aus Teheran, daß die persische Regierung Truppen
10 nach Abadan geschickt hat, aber man weiß nicht, wer am
Sonnabend auf der Gesellschaft bei den reichen Lehmanns
war und wohin Frau Dr. Maier-Schulze in die Ferien
gefahren ist! Auch hat man keine Ahnung, wer schon seit
drei Wochen bei Frau Konsul Hartung zu Besuch ist, und
15 ob Frau Schmidt die Cocktail-Party für den bekannten
Pianisten geben wird oder schon gegeben hat — und man
nicht eingeladen war.

Doch mein Vorschlag, diese Lücke in den deutschen
Zeitungen zu füllen, fand keine begeisterte Aufnahme.
20 Ein Hamburger Journalist, mit dem ich darüber sprach,
bemerkte nur kühl: „Für solche Sachen haben wir keinen
Platz!" Und es ist wahr, verglichen mit den amerikanischen Zeitungen sind die deutschen recht dünn. Selbst
die „Frankfurter Rundschau" oder die „Rheinische Post"
25 haben im Durchschnitt nicht mehr als sechzehn Seiten.
Ein anderer Journalist war weniger diplomatisch. „Eine
Klatschseite", sagte er beinahe beleidigt, „das fehlt uns
gerade noch!" Es war klar, daß er so etwas unter der
Würde einer seriösen deutschen Zeitung fand.

30 Über einen Mangel an Unterhaltung kann sich der deutsche Leser jedoch sonst nicht beklagen. Da ist zunächst
einmal der Roman auf Raten, Fortsetzungsroman genannt,
von dem täglich auf dem Drittel einer Seite eine Dosis

erscheint. So ein Roman verdoppelt die Spannung und regt die Phantasie an. In der Zeit zwischen der letzten Fortsetzung bis zur nächsten kann man in Gedanken selbst ein bißchen Autor spielen. Es macht Spaß, am Schicksal des Helden weiterzuspinnen und am nächsten Tag die 5 eigene Dichtung mit dem phantasielosen Produkt des Romanciers zu vergleichen.

Die Krone der Unterhaltung ist jedoch das Feuilleton: der literarische Unterhaltungsteil! In den nicht so intellektuellen Zeitungen findet man hier leichte, amüsante Kurzge- 10 schichten und Anekdoten oder auch eine Rätselecke mit Kreuzwort- und Silbenrätseln. In den intellektuellen Zeitungen aber hat man die schöne Wahl zwischen einem Artikel über den „Trend" in der deutschen Literatur, einem Essay über phönizische Kunst, einem Aufsatz über 15 das Leben des Mönches Abraham a Sancta Clara und mehreren Buchkritiken, die manchmal so aussehen:

Dieses Buch ist mit einer unheimlichen Dichte und Akribie (ein Lieblingswort der Rezensenten) der Sprache geschrieben. So erstaunlich, so extravagant die Assozia- 20 tionsfähigkeit des Dichters ist, so barock die Metaphern an unser Ohr dringen, welch einer Disziplin folgt diese Sprache? Diese Präzision. . . .

Viele der deutschen Buchkritiker haben ihren amerikanischen Kollegen etwas voraus: die Kunst, das Thema in 25 einem Mantel von Semantik und Symbolik zu verhüllen und die Handlung möglichst zu ignorieren.

Wer primitiv genug ist, wissen zu wollen, ob Er und Sie sich kriegen, hat keine andere Wahl, als das Buch in der nächsten Buchhandlung zu kaufen. 30

Im Gegensatz zu den Buchkritiken verhüllen die Filmkritiken nichts. Hier wird kurz und klar gesagt, um was es geht. Und wenn es schlecht geht wird das genau so klar berichtet. Über die Filmversion von „Der Widerspenstigen Zähmung" bemerkt die „Rheinische Post": „Was hier geboten wird, müßte ernsthafte Intendanten und Dramaturgen auf die Barrikaden treiben." In einer Frankfurter Zeitung heißt es über „Die zehn Gebote": „Amerikanischer Kolossalstil mit vielen Tricks." Während „Die Welt" über einen anderen Film folgendes schreibt: „Ein so geselliges Zusammensein von Kunst und Kitsch — war das jemals da?"

Nachdem man etwas die Lust verloren hat, ins Kino zu gehen und man den Wirtschaftsteil als hoffnungslos aufgeben mußte, fällt das Auge früher oder später auf die faszinierenden Spalten mit den Heiratsanzeigen.

In diesen Spalten, die auch in den besten deutschen Zeitungen erscheinen, suchen Hunderte der nettesten Damen und Herren passende Ehepartner. Sie alle sind gebildet und solide. Sie sehen gut aus und haben gute Charaktere und Positionen. Die Herren sind repräsentative Erscheinungen. Sie sind intelligent und einsam und lieben die Natur und manchmal auch den Sport. Viele haben Geld und alle möchten aus echter Liebe heiraten.

Unter den Damen fällt immer wieder die „kultivierte Dame aus gutem Hause" auf. Sie ist schlank und jugendlich, liebt Musik und Hausarbeit und möchte

einen kultivierten Herrn in sicherer Position (möglichst Akademiker) glücklich machen.

Beim Lesen dieser Anzeigen wundert man sich ein bißchen, warum all die häßlichen, dummen und unkultivierten Menschen so leicht jemanden zum Heiraten finden, 5 während diese gutaussehenden, intelligenten und kultivierten Damen und Herren es so schwer haben.

Eine Anzeige in der „Welt" scheint direkt an mich gerichtet zu sein. Ich muß sie immer wieder lesen:

DAME 10

26 J., BLOND, SCHLANK, SEHR GUT AUSSEHEND, INTELLIGENT UND HÄUSLICH, ALS DOLMETSCHE-RIN TÄTIG, WÜNSCHT ZWECKS SPÄTERER HEIRAT INTELLIGENTEN, GUT AUSSEHENDEN UND INTE-RESSANTEN MANN VON FORMAT (MÖGLICHST 15 AMERIKANISCHER AKADEMIKER MIT VERMÖGEN) KENNENZULERNEN. ZUSCHRIFT MIT BILD (ZU-RÜCK) AN PR 8 45 17 Welt, Hamburg.

Wie gesagt, genauer könnte mich niemand beschreiben. Schade, daß ich kein besseres Bild von mir habe. Der 20 Fotograf in Cleveland verstand wirklich nichts vom Fotografieren. Nach einigem Nachdenken fällt mir aber leider noch etwas ein: ob ich mich mit meinen 584 Dollar auf dem Sparkonto zu den vermögenden amerikanischen Akademikern zählen kann? 25

Vielleicht sollte ich mir doch lieber den Film ansehen, in dem Kunst und Kitsch so gesellig beieinander sind, und die schlanke blonde Dame vergessen.

Es ist schon wahr, was Mark Twain über die Zeitungen hier sagte: Schaden richten sie nicht an — aber viel Gutes 30 tun sie auch nicht für einen!

12 · SAISON FÜR MANAGERKRANKHEIT

Die Deutschen sind dafür bekannt, daß sie viel und gern arbeiten. Ohne diese Eigenschaft gäbe es wahrscheinlich kein Wirtschaftswunder. Ohne das Wirtschaftswunder gäbe es vielleicht keine Managerkrankheit. Und ohne die
5 Managerkrankheit gäbe es bestimmt keine überfüllten Kurorte.

Tempo, Tempo ist die Devise des Herrn Generaldirektors Schreiber. Verdopplung der Produktionsziffern, Ausbau des Exportgeschäftes, Umsatzsteigerungen und Preissen-
10 kungen, die schleichende Inflation und die aggressive Konkurrenz, das sind Dinge, die ihm Kopfschmerzen machen. Ihm und den anderen Generaldirektoren, ob sie nun Knöpfe herstellen oder Lokomotiven.

Generaldirektor Schreiber fabriziert Schallplatten. Er schläft schlecht, wenn er geschäftliche Sorgen hat. Aber in letzter Zeit schläft er auch schlecht, wenn er keine geschäftlichen Sorgen hat. Denn es sorgt ihn nun sogar, keine Sorgen zu haben. Das Frühstück ersetzt er durch 5 Tomatensaft und Pillen, die Vitamine von A bis Z enthalten. Schon vor Jahren hatte ihn sein Arzt gewarnt: Sie werden zu dick, lieber Schreiber! Ihr Herz hält das nicht aus! Entweder Sie verzichten auf Ihre lukullischen Bankette oder auf Ihr Frühstück! Natürlich wußte der 10 weltfremde Arzt nicht, daß bei den lukullischen Banketten die besten Verträge zustande kommen!

So springt Generaldirektor Schreiber um acht Uhr morgens hungrig in seinen teuren Mercedes und ist so gereizt, daß ihn bereits das Surren einer Fliege nervös 15 macht. Er läßt den Motor aufheulen, ärgert sich über den Lärm, und dreht das Radio auf laut, um den Motor zu übertönen. Um das Radio zu übertönen, wenn es einen besonders populären Schlager der Konkurrenz spielt, hupt er sich wütend durch den Verkehr. 20

Vom Auto springt er in den Fahrstuhl. In seinem Büro im dreizehnten Stock klingeln zwei Telefone. Im Nebenzimmer klappern die drei Schreibmaschinen seiner drei Sekretärinnen. Eine Sitzung jagt die andere. Die Abteilung für Tanzmusik braucht ein neues Studio, die Versandabteilung 25 ein höheres Budget. Der Verkaufsleiter wünscht neue Zweigstellen in Hannover und Bremen. Und der schwierige Leiter der Abteilung für klassische Musik, Dr. Schulze-Langenberg, besteht darauf, Schallplatten zu machen, die einen sicheren finanziellen Verlust bedeuten. Kaum ein 30 Dutzend seiner „Elisabethanischen Lieder" (mit Harfe!) konnten verkauft werden. Das Defizit war selbst mit Fischer-Dieskaus Schubertliedern nicht ganz zu beheben!

Und nun muß er die Wiener Philharmoniker haben,
obwohl er weiß, daß sie auf Tournee in Südamerika sind.
Dazwischen klingeln die Telefone — die Bank zögert
mit der Bewilligung des Kredits — seine Tochter will
5 einen Tennis-Trainer heiraten — die automatische Presse,
die 155 Schallplatten in der Stunde pressen kann, preßt
nicht mehr — und sein Schneider, der ihm zum Rundfunkball einen neuen Smoking macht, weil der alte zu eng ist,
erwartet ihn zur Anprobe —
10 Beim Diktieren der Briefe schlingt Generaldirektor
Schreiber hastig das kalte Gulasch hinunter, das ihm seine
Sekretärin aus der Kantine geholt hat. Nachdem Korrespondenz und Berichte erledigt sind, zündet er sich müde
die letzte Zigarette an. Dabei bemerkt er, daß seine Hand,
15 die das Streichholz hält, wie ein Blatt im Winde zittert.
Nervös will er die leere Zigarettenschachtel in den Papierkorb werfen, trifft daneben, und beschließt, einmal früh
Schluß zu machen.

In diesem Augenblick klingelt das Telefon. Er wird im Aufnahmestudio C gewünscht. Es ist dringend.

Schon im Korridor hört er die lauten erregten Stimmen von Dr. Schulze-Langenberg und dem berühmten, temperamentvollen Dirigenten, die einander zu überschreien suchen. Bei seinem Eintritt zerreißt der berühmte Dirigent mit dramatischer Geste den Vertrag in kleine Stücke. Es dauert eine Weile, bis Generaldirektor Schreiber den Grund des Streites erfährt: Schulze-Langenberg besteht darauf, daß die vierte Aufnahme die beste Interpretation der „Unvollendeten" ist, während der berühmte Dirigent die zwölfte Aufnahme als sein Meisterwerk erklärt.

Als sich Generaldirektor Schreiber zwei Stunden später, es ist nun kurz vor sieben, noch einmal die vierte Aufnahme der „Unvollendeten", Serie E, Nummer 80 040, anhören soll, springt er verzweifelt auf, hält sich die Ohren zu und schreit: „Stellen Sie den Lärm ab!" Dr. Schulze-Langenberg stellt beleidigt die stereophonischen Lautsprecher ab. Der berühmte Dirigent murmelt: „Barbar!" Seine Sekretärin beginnt hysterisch zu weinen. Generaldirektor Schreiber aber sinkt erschöpft in einen Sessel. In seinen Ohren summt noch immer das Ti-ta, Ta-ti, ta, ta . . . der „Unvollendeten". Sein Gesicht ist grau. „Stellen Sie den Lärm doch endlich ab!" flüstert er mit heiserer Stimme. Dann wird ihm schwarz vor den Augen.

Der Arzt blickt das neue Opfer der Managerkrankheit kopfschüttelnd an: „Sie müssen unbedingt ausspannen, lieber Schreiber! Sie sind völlig überarbeitet. Ihre Nerven, Ihr Herz . . . ich schlage sechs Wochen in einem ruhigen Kurort vor!"

Es dauert zwei Tage bis im teuersten Hotel eines teuren, überfüllten Badekurortes, in dem immer Saison für

112

Managerkrankheiten ist, ein Zimmer gefunden werden
kann. Dann rast Schreiber im 120 Kilometertempo dem
stillen Kurort zu. Hier konzentriert er sich nun darauf,
seine Managerkrankheit und seine Schallplattenfabrik zu
5 managen. Zwischen Bädern, Massagen und Brunnentrinken
ruft er sein Büro an und gibt Anweisungen. Die Abende
verbringt er mit dem Studium der Bilanz- und Börsenberichte. Er ist weder ein angenehmer Hotelgast noch ein
bequemer Patient. Er weiß, daß er unglaublich hohe
10 Preise zahlt und er, wie er sich ausdrückt: überall „übers
Ohr gehauen wird". Dafür verlangt er die entsprechende
Bedienung.

Als er am dritten Tag feststellt, daß seine Hand noch
genau so zittert wie zuvor, ruft er seine Frau an: „Ich
15 komme nach Hause", teilt er ihr mit. „Es ist die Ruhe
hier, die mich so beunruhigt!" Aber seine Frau gibt nicht
nach: die Kur wird fortgesetzt.

So wandert Schreiber ruhelos mit dem Trinkglas in der
Hand durch die hübschen Parkanlagen. Dann und wann
20 setzt er sich auf eine Bank und weiß nichts mit sich
anzufangen. Das macht ihn erst recht nervös. Er betrachtet
kritisch das Publikum, das auf den Kieswegen vor ihm
auf- und abpromeniert. Es ärgern ihn die gesunden, neu-
gierigen Touristen in ihrer abenteuerlichen Sportkleidung,
25 die sich gegenseitig mit viel Gekicher vor den weißen
Säulen des Kurhauses fotografieren. Es ärgern ihn die
anderen Generaldirektoren, die dick und selbstbewußt, das
Glas in der Hand wie er, viel zu laut und wichtig über
ihre Geschäfte reden und dabei andächtig das faul
30 schmeckende Brunnenwasser trinken, als wäre es der beste
Sekt. Doch am meisten ärgern ihn die stillen, aristokrati-
schen Gestalten mit den verschlossenen Gesichtern, die

trotz ihrer schäbigen Kleidung noch elegant wirken. Sie
halten sich abseits der Menge, sehen niemanden und sind
so vornehm, daß sie nur im Flüsterton miteinander sprechen. Schreiber hätte gern gewußt, warum der hagere
Herr, mit dem Monokel und den ledernen Flicken an den 5
Ellenbogen seines alten Jacketts, von den anderen Herren
und Damen stets so besonders höflich begrüßt wurde.
Gegen Mittag beginnt das Orchester sein tägliches
Konzert im Park mit einem Marsch. Doch als es danach
die „Unvollendete" sehr unvollendet anstimmt, springt 10
Schreiber hastig von der Bank auf. Der Herr, der neben
ihm die „Börsenzeitung" gelesen hat, steht gleichfalls auf.
„Für Schubert habe ich auch nicht viel übrig", sagt er
vertraulich zu Schreiber. „Beethoven und Wagner, das
nenne ich Musik! Doch am liebsten höre ich eigentlich 15
Märsche. Auf dem Golfplatz kann man das Orchester
nicht hören!"
Schreiber blickt den Fremden interessiert an. Seit
Jahren hatte er Schulze-Langenberg davon zu überzeugen
gesucht, daß das breite Publikum Beethoven, Wagner und 20
Märsche hören will. Natürlich ohne Erfolg. Er denkt an
die „Elisabethanischen Lieder" und seufzt leise.
„Schade, daß ich nicht Golf spiele", sagt er laut.
„Das macht nichts", erwidert der Herr, „ich spiele auch
nicht. Ich lese dort nur die Börsenberichte!" 25
Menschen, die Börsenberichte lesen, sind Schreiber
sympathisch. Als die beiden den Golfplatz erreicht haben,
sind sie bereits gut bekannt. Herr Heinemann ist Generaldirektor einer Strumpffabrik in Düsseldorf. Wie Schreiber
hat er außer dem Ärger mit der Konkurrenz und dem 30
Export auch die Managerkrankheit. Im grünen Schatten
einer Linde tauschen sie Bilanzziffern und Aktienpreise

aus. Und als die Sonne hinter den Wipfeln der Bäume
versinkt, stellen beide überrascht fest, daß es für den
Anruf im Büro zu spät ist, aber Zeit zum Abendessen.
Im angeregten Gespräch schlendern die beiden Opfer
ihrer Arbeitslust durch das kleine Städtchen zum „Mutigen 5
Ritter", dem exklusiven Weinlokal, von dem Heinemann
im Hotel gehört hat. Der Ober im tadellosen Frack führt
sie zu einem der schlechten Tische neben dem Kücheneingang. Heinemann protestiert laut. Doch Schreiber weiß,
daß man solche Situationen mit einem größeren Geldschein 10
meistern kann. Ohne eine Miene zu verziehen, läßt der
Ober die 50 Mark in seiner Hosentasche verschwinden
und rückt einen besseren Tisch zurecht. Dann aber gilt
seine volle Aufmerksamkeit dem Nebentisch, an dem zwei
nicht mehr junge Damen und ein älterer, hagerer Herr 15
sitzen. Als der Herr sein Monokel aufsetzt, um die Wein-
karte zu lesen, weiß Schreiber, warum er ihm bekannt
vorkommt. Der Hagere redet den hochmütigen Ober mit
„Max" an. Die kurze Konferenz der beiden ist von jener
unbeschreiblichen distanziert-intimen Vertraulichkeit, die 20
erst recht den Abstand zwischen zwei Menschen betont.
Während Heinemann über die schlechte Bedienung
schimpft, betrachtet Schreiber die Damen in ihren teuren,
zeitlosen Kleidern, die schon vor zwanzig Jahren elegant
waren und in zwanzig Jahren auch noch in Mode sein 25
werden. Trotz ihrer gedämpften Stimmen fängt er Brocken
der Unterhaltung auf. Sie sprechen von alten Zeiten: —
als ich mit dem Kronprinzen im Jahre 39, es kann auch
40 gewesen sein, im Hotel Bristol in Berlin Kaffee
trank — mein Cousin, der Konstantin von Bayern, arbeitet 30
an einem neuen Buch, sein letztes war ein großer Erfolg —
ja, die Esterhazys haben alles verloren — meinen Sie die

Hohenlohe-Langenberg oder die Hohenlohe-Schillings-
fürst —

„Am Nebentisch scheint ganz alter Adel zu sitzen",
bemerkt Schreiber zu Heinemann.

5 „Das habe ich mir schon gedacht. In diesen eleganten
Kurorten haben sich viele der Adligen zur Ruhe gesetzt.
Der Ober bricht sich geradezu das Genick für sie."

„Ja, er hat ihnen die Speisekarte von oben bis unten
vorgelesen", sagt Schreiber gereizt.

10 Heinemann zwinkert ihm vertraulich zu: „Wahrscheinlich wegen ganz alten Adels des Lesens und Schreibens
unkundig!" Er lacht über diesen alten Witz, als habe er
ihn soeben selber erfunden. „Den billigen Wein, den sie
trinken, gießt ihnen der Ober mit einer Feierlichkeit ein,
15 als sei es der edelste Nektar", fährt Heinemann fort.
„Diese Aristokraten wollen immer noch den Ton angeben!
Dabei haben viele während der letzten beiden Kriege alles
verloren. Die Damen sitzen sicher in ihren Villen und
vermieten Zimmer an Touristen ab. Und der Alte mit
20 dem Monokel lebt wahrscheinlich von einer mageren
Offizierspension!"

„Ja, Titel und Mittel gehören schon seit einigen
Jahrzehnten nicht mehr zusammen", stimmt Schreiber zu.

Heinemann nickt. „Was ich nicht verstehe, ist, daß sie
25 auf Grund dieser Titel auch heute noch eine besondere
Behandlung erwarten und sie auch oft bekommen. Was
haben denn die meisten dieser Leute schon im Leben
geleistet? Gewiß, einige sind Diplomaten und Offiziere.
Aber wer von ihnen hat nach dem Krieg eine Schallplatten-
30 fabrik aufgebaut wie Sie? Oder eine Strumpffabrik aus
den Ruinen gestampft wie ich? Wer von ihnen hat schon
die Managerkrankheit — wie wir beide! Man findet unter

ihnen immer noch genug Müßiggänger, die vom Namen und Besitz ihrer Vorfahren leben . . ."

„Das kann man aber von der jüngeren Generation wirklich nicht mehr sagen", unterbricht ihn Schreiber. „Heutzutage lernen fast alle etwas und sind dann berufstätig. Zum Beispiel habe ich eine junge Gräfin in meiner Fabrik, die Schallplatten überprüft. Sie macht ihre Sache ausgezeichnet. Ich glaube, sie ist in meinen ältesten Sohn verliebt . . .", setzt er nicht ohne Stolz hinzu.

„Das ist ja alles sehr schön und gut", erwidert Heinemann kühl, „doch mir platzt jetzt die Geduld. Wir sitzen nun seit fünfzehn Minuten an diesem Tisch und der Ober hat nicht einmal unsere Bestellung entgegengenommen." Er schlägt energisch mit der Gabel an sein leeres Glas und schnarrt: „Herrrrr Ober!"

Die Dame am Nebentisch, deren Cousin der Konstantin von Bayern ist, sieht sich entsetzt um und starrt Heinemann verächtlich an. „Manche Leute haben ein Benehmen!" sagt sie zu ihren Freunden, daß Schreiber und Heinemann es hören können. „Sie denken, mit ihrem Gelde können sie sich alles erlauben!"

Der Ober kommt herbeigeeilt und entschuldigt sich: „Ich mußte doch erst den Prinzen bedienen! Er ist seit Jahren bei uns Stammgast . . ."

„Das interessiert uns nicht", erklärt Heinemann eisig und bestellt Eisbein und Sauerkraut und dazu den teuersten Burgunder.

Doch nichts beruhigt erregte Gemüter schneller als eine gute Mahlzeit, und das Essen im „Mutigen Ritter" übertrifft alle Erwartungen. Lange bevor der Ober die Linzer Torte serviert, ist aller Ärger verflogen. Nachdem die drei Aristokraten das Restaurant verlassen haben, macht Heinemann gutgelaunt darauf aufmerksam, daß der Ober auf dem Etikett der prinzlichen Weinflasche sorgfältig die Stelle markiert, bis zu der der Wein ausgetrunken worden ist, bevor er die halbleere Flasche ins Regal zurückstellt.

5 Schreiber kommentiert dazu trocken: „Der Prinz hat dem Ober genau eine Mark und zwanzig Pfennige Trinkgeld gegeben. So was kann sich auch nur ein Prinz erlauben! Als gewöhnlicher Sterblicher kann man sogar für 50 Mark schlecht bedient werden!"

10 Von nun an vergehen die Tage für die beiden Managerkranken wie im Fluge. Zusammen unternehmen sie Ausflüge in die liebliche Umgebung, oder sie sitzen auf dem Golfplatz und lesen Börsenberichte. Sie sind so beschäftigt, daß sie immer seltener dazu kommen, ihre

15 Büros anzurufen. Bei den Wanderungen durch Wiesen und Wälder erinnert sich Schreiber plötzlich an längst vergessene Erlebnisse aus seiner Jugend, und Heinemann zitiert eines Tages sogar ein romantisches Gedicht über die Schönheit der Natur, das ihm schon als Schüler gefallen

20 hatte. Sie sehen Bäume und Blumen, die sie seit Jahren nicht bemerkt haben. Sie hören wieder die Vögel singen und das dunkle Murmeln des Baches, und sie genießen den Duft einer Rose, als sei es das erste Mal. Mit jedem Stück Natur scheinen sie ein Stück ihres verschütteten Ichs

25 wiederzuentdecken Nach und nach geraten Schallplatten und Strümpfe in Vergessenheit.

Schreiber, der sich sonst nur über einen Vertrag mit dem Star der Konkurrenz freuen konnte, freut sich jetzt über das Blümchen am Wege, das herbe Parfüm des nassen

30 Grases am Morgen, den durchsonnten Geruch des Waldes am Mittag und die zarten, rosa Wölkchen am Abendhimmel. Es fällt ihm Goethe ein, der in gerade solch

einem Bad bei der Kur die berühmten „Marienbader Elegien" dichtete. Und wie sein Gang leichter wird und sein Lachen unbeschwerter, fühlt er, mit einiger Verlegenheit, den unwiderstehlichen Drang, seine Gefühle auszudrücken. Doch begnügt er sich mit dem Singen alter, froher Studentenlieder, die er mit rauher Stimme in die Gegend schmettert.

Eines Abends entdeckt Schreiber im „Mutigen Ritter", daß ihn der Ober mit seiner klaren Bevorzugung des Prinzen mehr amüsiert als ärgert. An diesem Abend trinkt er dem Prinzen, der allein am gewohnten Tisch sitzt, übermütig zu. Mit einem überraschten Lächeln erhebt der Prinz gleichfalls sein Glas und leert es in einem Zuge.

„Die Weinbergschnecken sind heute besonders zu empfehlen", teilt der Prinz etwas reserviert den Generaldirektoren mit, die freudig seinem Rat folgen und bei „Max" Weinbergschnecken bestellen. So kommt es zwischen den beiden Tischen zu einem kurzen, lebhaften Austausch über die verschiedene Art der Zubereitung besonderer Delikatessen. Bevor der Prinz das Lokal verläßt, nickt er Schreiber und Heinemann einen freundlichen Gruß zu.

Einige Tage später bemerkt Schreiber beim Anzünden einer Zigarette, daß seine Hände nicht mehr zittern. Sofort ruft er seine Frau an und verkündet mit Bestimmtheit: „Ich komme nach Hause! Ich fühle mich wie neugeboren! Natürlich sind drei Wochen Kur genug! Morgen abend erzähle ich dir von meinen Freunden Heinemann und dem Prinzen ..."

Diesmal kann ihn seine Frau nicht zum Bleiben überreden.

Am nächsten Morgen verabschiedet er sich etwas gerührt von Heinemann, mit dem ihn eine Freundschaft verbindet, wie er sie seit fünfzehn Jahren nicht mehr gekannt hat.

120

Denn seit fünfzehn Jahren fehlte ihm einfach die Zeit zur Pflege tieferer menschlicher Beziehungen. Mit festem Händedruck versprechen die Generaldirektoren miteinander in Kontakt zu bleiben. Ja, sie wollen sich sogar mit ihren Familien besuchen!

Dann rast Generaldirektor Schreiber im 120 Kilometertempo in seine Welt der Produktionsziffern, der Umsatzsteigerungen und Preissenkungen, der schleichenden Inflation und der aggressiven Konkurrenz — und der Managerkrankheit zurück.

*Hundert Meinungen ergeben nicht
eine einzige Wahrheit.*
Don Diego Salbany del Prado

13 • DIE DISKUTANTEN

Seit einiger Zeit haben die Deutschen einen neuen Nationalsport: die Diskussion. Zu einer Demokratie, das weiß man,
gehört die Diskussion. Beide sind untrennbar wie siame-
sische Zwillinge. Der freie Meinungsaustausch, die dialek-
tische Auseinandersetzung, das polemische Gespräch, ja 5
sogar das laute Argument, zu deutsch Krach, sind Bestandteil des demokratischen Lebens.

Die Freiheit der Meinung ist den Deutschen so wichtig,
daß sie im Grundgesetz verankert wurde. Denn wenn sich
Großvater an Hitlers Zeiten erinnert, dann betont er immer, 10
daß man damals nicht mal richtig schimpfen konnte.

Das ist nun anders. Heute wird wieder geschimpft. Jour-

nalisten kritisieren Politiker, und Politiker kritisieren andere Politiker. Chauvinisten, denen so viel freie Meinung nicht paßt, finden es eine Schande, daß die Deutschen wieder einmal ihr eigenes Nest beschmutzen. Trotzdem
5 schieben Professoren und Pastoren die Schuld an den Problemen Unternehmern, Politikern und Gewerkschaften in die Schuhe. Und Taxichauffeure und Hausfrauen schimpfen sogar über Professoren.

Da nun aber in so einer industrialisierten Gesellschaft
10 der Bundesbürger ziemlich beschäftigt ist mit Beruf, Familie, Autoputzen, Kinogehen, Fernsehen und Ferienplanung, hat er zum richtigen Meinunghaben kaum Zeit. Das überläßt er deshalb nach amerikanischem Vorbild den Experten. Mit anderen Worten, man hört Leuten, die eine
15 Meinung haben, einfach zu.

Man lauscht den Diskutanten bei Diskussionsabenden und Tischgesprächen. Oder man dreht das Radio an und freut sich an den Dialogen, besonders, wenn sie laut werden. Auf jeden Fall sitzt man am Sonntag vor dem Fernsehap-
20 parat und sieht sich Werner Höfers „Frühschoppen" an, wo sympathische, sorgfältig ausgewählte Journalisten aus verschiedenen Ländern nicht sehr unterschiedliche Meinungen über außenpolitische Probleme vortragen.

Auf diese Weise braucht man nicht erst eine eigene
25 Meinung zu bilden, was zeitraubend und mühsam ist, sondern bekommt gleich vier fertige Meinungen serviert. So kann man sich frei für eine der vier Varianten entscheiden. Im übrigen hat man Muße, sich darüber zu freuen, daß es in der Bundesrepublik so viel freie Meinung und so viele
30 Meinungen gibt und alles hübsch demokratisch zugeht.

Diskussionsabende gibt es nicht nur in Hamburg, Berlin und München, sondern auch in Waiblingen, Lengsdorf und Wasserburg. Zwar reden oft nur Politiker mit Politi-

123

kern, Professoren mit Professoren und Amerikakenner mit
Amerikakennern. Doch setzen sich die beliebtesten Diskus-
sionsprogramme aus Experten von verschiedenen Gebieten
zusammen. Ein geschickter Diskussionsleiter, auch Moderator genannt, weiß, daß der Erfolg eines solchen Abends 5
von der publikumswirksamen Mischung abhängt.
Eine geradezu ideale Kombination ist zum Beispiel ein
bekannter Schriftsteller, oder ein fast bekannter Schriftsteller, mit langem Haar und Rollkragensweater, der seine
Meinung halb schüchtern verträumt, halb leidenschaftlich 10
engagiert verbreitet, und ein eitler, keine andere Meinung
gelten lassender Politiker. (Es könnte auch ein Industriel-
ler oder ein Gewerkschaftler sein.) Dazu paßte dann ein
möglichst Pfeife rauchender Professor, der schrecklich
intellektuell das „Sowohl . . . als auch" in beeindruckenden 15
langen Sätzen formuliert. Das Ganze müßte dann mit einem
Pastor oder Pater abgerundet werden, der in schöner Neu-
tralität Stimme und Hände hebt und die Answesenden auf
dem Podium und im Auditorium zu christlicher Toleranz
ermahnt.   20
Da nun aber dauernd irgendwo öffentlich diskutiert wird,
gibt es inzwischen eine Reihe von Leuten, die das Diskutieren beruflich betreiben. Sie treten heute Abend als Teilnehmer einer Diskussion über „Die Situation der Hochschulreform" in Remagen auf und kassieren morgen Abend 25
in Regensburg für ihre Meinung „Über die Notwendigkeit
der Notstandsgesetze" an die 300 Mark.
Diskutant sein, ist ein nagelneuer Beruf. Gewöhnlich ist
der professionelle Diskutant ein Schriftsteller, der nicht
viel schreibt, ein Professor, der mehr publiziert als lehrt, 30
oder jemand, der über alles eine Meinung hat.
So ein Berufsdiskutant muß ohne zu zögern oder zu
stottern etwas „Zur Wahlstrategie der SPD"* sagen kön-

nen und über „Die Aufgabe der Kirche in der pluralistischen Gesellschaft" — und zwar mindestens fünf bis zehn Minuten lang. Es darf kein Thema, kein Gebiet geben, auf dem er nicht Experte ist, und keine Frage, kein Problem, worüber er nicht eine Meinung hat. Nie darf es ihm einfallen zu sagen, daß ihm im Moment nichts zum Entwicklungsproblem von Ruanda oder zum Politisch-Poetischen in Brechts Werken einfällt! Das wäre das Ende seiner Karriere. Denn die Leute im Auditorium haben ihr gutes Geld ja nicht bezahlt, um ihn schweigen zu hören.

---

* SPD = *Sozialdemokratische Partei Deutschlands*

Ein guter Diskutant muß gewisse Spielregeln beherrschen. Eine tiefe, resonante, andere übertönende Stimme ist wichtig. Noch wichtiger aber sind die Satzanfänge! Meister ihres Fachs können den Anfang eines Satzes so kunstvoll aufbauen, daß es den faszinierten Zuhörern gar nicht auffällt, wenn der Sprecher das Thema umgeht. Lange schwungvolle Satzanfänge haben noch einen anderen Vorteil. Sie geben dem Diskutanten Zeit zum Nachdenken. Zum Beispiel kann man sich mancherlei einfallen lassen, während man das Publikum in die Netze eines solchen Satzanfanges verstrickt:

„... Ich bin wirklich besonders froh, daß wir auf diesen Punkt zu sprechen gekommen sind, weil er etwas berührt, was mir besonders am Herzen liegt, ein Problem nämlich, was heute zwar oft angeschnitten wird, aber doch in den entscheidenden Anzatzpunkten nie klargestellt worden ist, obgleich sich gerade hier verschiedene Möglichkeiten eröffnen, auf die ich später zu sprechen kommen werde, nachdem ich zunächst im Rahmen des Gesagten Stellung genommen habe, denn, entschuldigen Sie bitte, meine Damen und Herren, ich bin der Meinung, daß wir es uns nicht zu leicht machen dürfen mit der Beantwortung dieser außerordentlich wichtigen Frage, dieser Frage, die uns zum Schicksal werden kann, und ich darf Ihnen vielleicht vorher in aller Offenheit sagen, daß ich wirklich besonders froh bin, daß wir auf diesen Punkt zu sprechen gekommen sind, weil...."

Wem nun immer noch nichts eingefallen ist, kann das Ganze getrost nochmal abspulen. Das von Worten vernebelte Publikum wird das nicht merken.

War es Diskutanten bisher möglich, sich mit einem Wort von Goethe oder einem Schiller-Zitat beim Publikum als intellektuell zu etablieren, so hat sich das geändert. Auch

Lateinisches wie „wo auctaritas fehlt, zieht die protestas ein" hat nicht mehr die rechte Wirkung. Die junge aufgeklärte Generation will keine alten Weisheiten hören, sondern die neuesten Fakten, möglichst in Ziffern. Deshalb muß der Diskutant in der Lage sein, frei und sicher mit Statistiken herumzujonglieren. Dazu darf jedoch gesagt werden, daß sie nicht immer zu stimmen brauchen. Denn bis jemand im Publikum so eine dahingeschleuderte Statistik nachgeprüft hat, ist der Diskutant längst über alle Berge!

Die schlimmste Sünde aber ist es, wenn sich Diskussionsteilnehmer vor der Diskussion miteinander unterhalten. Das geht auf Kosten des Spontanen! Pointen und Bonmots, die vorher fallen, sind für die Diskussion verloren. Denn die meisten Diskutanten würden es nicht wagen, eine besonders geglückte Wendung fürs Publikum zu wiederholen. Das könnte von den Kollegen als geistige Armut ausgelegt werden! Und so etwas spricht sich in Diskutantenkreisen schnell herum. Wenn aber die besten Ideen schon vor der Show verbraucht sind, kann man sich auf einen lahmen, langweiligen Abend gefaßt machen.

In diesem Zusammenhang muß besonders vor literarischen Diskussionen gewarnt werden. Die deutschen Literaten kennen sich fast alle. (Nicht, daß sie sich alle gern haben!) Wenn sie dann auf dem Podium nebeneinander sitzen, geraten sie leicht in Streit, oder sie stimmen miteinander überein und haben sich überhaupt nichts zu sagen.

Ein unvergeßliches Beispiel dafür war eine Schriftsteller-Diskussion: „Provoziert die Literatur?" in Hameln. Es ging dabei so provozierend her wie bei einem Dokumentarfilm über Milchproduktion.

Das Malheur begann mit der falschen Zahl der Diskutanten. Statt der üblichen vier saßen fünf Schriftsteller auf der Bühne um den Moderator herum und starrten gelangweilt ins Publikum. Der Prominenteste, in dickem Druck auf dem Programm angekündigt, war nicht dabei. Der hatte sich, so hörte man, beim Skilaufen den Arm gebrochen. Und keiner stellte die Frage, warum ein Schriftsteller 5 mit gebrochenem Arm nicht diskutieren kann!

Ganz unzeremoniell begann der jüngste und unbekannteste Schriftsteller mit hoher, aufgeregter Stimme das Thema an sich in Frage zu stellen.

„Hier handelt es sich um zwei forumsfüllende Themen", 10 rief er in den Saal. „Was für eine Literatur ist denn hier eigentlich gemeint? Die zeitgenössische oder die schon vergangene, die man aber immer noch modern nennt? Was ist denn hier überhaupt unter Provokation zu verstehen? Die aktuelle literarische Herausforderung oder eine kri- 15 tische Analyse des Menschen und seiner Bedingungen?"

Da er alle Fragen gleich selber beantwortete, kam fünfzehn Minuten keiner zu Wort. Dann donnerte der blasse Poet, der die ganze Zeit so tat, als ob der junge Unbekannte gar nicht da wäre, mit tiefer Stimme: „Man kann ohne 20 Skrupel mit Voltaire anfangen! Der verlangte nämlich, daß man die Welt so zeigt, wie sie ist. Schriftsteller, die das heute versuchen, muß man zu den Provokateuren rechnen!" Langsam nannte er die Namen der Schriftsteller, die er zu den Provozierenden zählen würde. Von Heinrich 25 Böll bis zu Martin Walser war es eine lange Liste, auf der jedoch der Name des jungen Unbekannten fehlte. Der Nichtgenannte wurde ärgerlich.

„Sie wollen sich wohl zum Sprecher der ästhetischen Linken machen!" rief er rot vor Wut im Gesicht. „Sie 30 wissen doch ganz genau, daß es eine literarische Provokation gibt, die ästhetisch minderwertig sein kann! In Ihrer provokatorischen. . . ."

Man merkte, er setzte wieder zu einem Monolog an. Doch zum Glück unterbrach ihn nun der dicke Romanschreiber, der gerade ein minderwertiges, die Bestsellerliste seit Wochen zierendes Buch geschrieben hatte. „Aber, aber", meinte er gemütlich, „es hat sich doch längst ausprovoziert! Welcher Leser ist denn heute noch zu schockieren? Die Zukunft der Literatur wird mit der traditionellen Provokation nicht mehr zu machen sein!"

„Daran sind zum Teil die Massenmedien schuld", mischte sich der Moderator ein. Er wußte, daß geldverdienende Romanschreiber von Kollegen prinzipiell wie Luft behandelt werden.

Der Schriftsteller mit dem schwarzen Schnurrbart, der überhaupt noch nichts gesagt hatte, zog nachdenklich an seiner Pfeife und schwieg intensiv.

Inzwischen hatten sich am linken Ende des Tisches Meinungsverschiedenheiten entwickelt. Der jüngste Schriftsteller, der blasse Poet und ein Literat mit Stahlbrille stritten sich darüber, ob oder ob man nicht in Westdeutschland und überhaupt im Westen mit der linken Geste* viel provozieren und viel Geld verdienen kann. Da alle drei gleichzeitig redeten, verstand man kein einziges Wort. Erst später, als ihre Stimmen lauter wurden, hatte das Publikum auch seinen Spaß am Streit.

Der Dicke saß grollend in seinem Stuhl. Über geldverdienende politisch provozierende Literaten hatte er auch einiges zu sagen! Zum Beispiel über Günter Grass, der mehr mit seinen politischen Reden für die Sozialdemokraten provoziert als mit seinen dicken Bestseller Romanen! Ganz schlau machte es natürlich dieser Norman Mailer, der erst mit einem Protestmarsch aufs Pentagon

---

* *linke Geste* leftist gesture

provoziert und dann mit einem Buch darüber viel Geld verdient. Aber die drei ließen ihn nicht mal mitstreiten! Der blasse Poet sagte gerade etwas von „ästhetisch wichtiger Literatur, die eine Bewußtseinsänderung herbeiführt". Der Schnurrbart schwieg weiter vor sich hin. 5 Da machte der Moderator einen taktischen Fehler. Statt die drei streiten zu lassen, platzte er mit einer neutralisierenden Bemerkung in eine Atempause. „Finden Sie nicht auch, daß die Schwierigkeit der Literatur darin liegt, daß sich das Publikum nicht für sie interessiert?" fragte er 10 sanft.

Sofort horchten die Diskutanten auf. Sie sahen einander verständnisvoll an und nickten ernst. Man war sich einig! Es gab eine Pause.

„Jaja", meinte endlich der Dicke, „man muß eine Mas- 15 senkultur, wie es sie im Kino gibt, anstreben!"

Der Poet zog nur verächtlich die Augenbrauen in die Höhe.

„Der Literaturskandal hat heute nichts mehr mit dem Werk zu tun, sondern mit der provozierenden Bemerkung 20 eines bekannten Schriftstellers!" verkündete er kühl, ohne den Dicken eines Blickes zu würdigen.

„Richtig!" begann der Dicke, „da brauchen wir nur an die politischen Reden von Grass zu denken oder an. . . ."

Aber der Literat mit der Stahlbrille unterbrach ihn eisig. 25 „Bitte, keine Persönlichkeiten!"

Wieder nickten alle. Wieder gab es eine gefährliche Pause.

Es dauerte lange, bis sich der jüngste Schriftsteller in Pose setzte. „Ich bin der Meinung, daß die literarische 30 Provokation längst durch die politische überholt ist! Nicht die Schriftsteller sind die Rebellen und Provokateure in unserer Gesellschaft, sondern die Politiker und Studenten!"

Wieder nickte alles. Diesmal gab es eine sehr, sehr lange Pause.

Einigkeit ist der Tod der Diskussion! Der Himmel bewahre mich vor einigen Diskutanten, seufzte der Moderator. Verzweifelt, wie ein Ertrinkender nach dem rettenden Strohhalm greift, fragte er den Schnurrbart, der immer noch nichts gesagt hatte: „Glauben Sie, daß Literatur provoziert?" Der Schweiß stand ihm auf der Stirn.

Der Schnurrbart dachte einen Augenblick nach, schüttelte den Kopf, zog an seiner Pfeife, sagte ein klares lautes „Nein" und schwieg weiter.

Nun war auch der Moderator sprachlos. Ein Diskutant, der nicht diskutieren wollte! Das war die Höhe der Provokation!

Das Publikum buhte. Ja, wo käme man da hin, wenn alle Diskutanten auf Fragen mit einem schlichten Ja oder Nein antworten würden!

Schließlich ist so eine Diskussion nicht zum Beantworten von Fragen da, sondern zum Meinunghaben!

14 · BEETHOVEN UND SAUERKRAUT

Außer dem Ausland interessiert die Deutschen nichts mehr als sie selber. Seit Jahrhunderten haben die deutschen Dichter und Denker sich immer wieder mit den Fragen befaßt: „Wer sind wir Deutschen?" und „Was ist deutsch?" Die Ergründung des deutschen Charakters und der deutschen Seele ist eine Art Nationalsport, der von Taxichauffeuren, Politikern und Philosophen mit gleicher Begeisterung getrieben wird. Es charakterisiert die Deutschen, daß sie nicht müde werden, über sich selbst nachzudenken.

Nun ist es aber immer schon so gewesen, daß diejenigen, die viel fragen, auch viele Antworten bekommen. Die Antworten, die die Deutschen auf ihre Fragen erhalten

haben und die Theorien und Philosophien, die daraus
entwickelt wurden, sind so zahlreich und benehmen sich so
widerspruchsvoll wie die deutschen Autofahrer auf den
Autobahnen am Sonntagabend. Eine Tatsache, die natür-
5 lich wiederum Anlaß zu den verschiedensten Theorien gab!
Aus diesem Grunde kann man zum Beispiel getrost mit
Nietzsche behaupten: „Es kennzeichnet die Deutschen, daß
man über sie selten völlig unrecht hat." Mit anderen
Worten, ganz gleich, welche kühne Behauptung man über
10 die Deutschen aufstellt: irgendwie stimmt sie! — Und nur
einem ausgesprochenen Pechvogel kann mit Bestimmtheit
nachgewiesen werden, daß sie nicht stimmt.
Tatsächlich ist es eine heikle Sache, ein Volk zu charakterisieren, das sich aus dem bunten Rassengemisch der
15 fußkranken Völkerwanderer zusammensetzt, die sich in
der Mitte Europas niederließen. Besonders, wenn die
Nachkommen dieser Stämme auch heute noch (1500 Jahre
später!) stolz darauf sind, Niedersachsen und Sachsen,
Schwaben und Franken, Friesen und Thüringer oder gar
20 Bayern zu sein! Also Leute, die sich verzweifelt bemühen,
ihre schwerverständlichen Mundarten, Trachten und sonsti-
gen Eigenarten und Unarten liebevoll zu konservieren.
Zu diesen Stämmen haben sich dann später noch andere
gesellt. Zum Beispiel die Berliner, deren Witz, Esprit und
25 „freche Berliner Schnauze" Charakteristiken einer ganz
besonderen Rasse sind; oder die Wahlmünchner, mit ihrer
lässigen, künstlerischen Lebensart; oder auch die Preußen,
die nicht nur für ihr „preußisches Pflichtbewußtsein" und
ihre Schneidigkeit bekannt sind, sondern auch für ihre
30 Liebe zu Uniformen. Zwar kann man innerhalb kürzester
Zeit Berliner, Wahlmünchner oder Preuße werden, wenn
man das Talent dazu hat, aber es dauert wenigstens eine
Generation, jemanden zum guten Bayern oder Nieder-

sachsen zu machen. Allein zum Erlernen der Mundart gehört ein Menschenleben, von der Annahme der Mentalität ganz zu schweigen.

Es wäre bei weitem einfacher, das deutsche Volk zu analysieren, wenn alle diese Stämme, einschließlich der Berliner, Wahlmünchner und Preußen, es vorgezogen hätten, gute Deutsche zu werden — an Stelle von guten Norddeutschen und Süddeutschen! Doch da das nicht der Fall ist, setzen sich die Deutschen heute, allgemein gesprochen, aus Nord- und Süddeutschen zusammen. Die deutsche „Mason-Dixon line" ist der Main. Die Norddeutschen, die sich viel auf ihre Fortschrittlichkeit und Arbeitslust einbilden, sind etwa mit den Yankees zu vergleichen, während die Süddeutschen, die sich viel auf ihren konservativen Charakter und ihre Lebenslust einbilden, an die Southerners erinnern.

Vieles ist über den Gegensatz zwischen nord- und süddeutscher Mentalität gesagt worden. Doch wurde er selten besser charakterisiert als in folgender uralter Anekdote:

Eine Gruppe bayrischer Arbeiter hat die Aufgabe, einen Pfahl aus dem Weg zu räumen. Sie fangen morgens um sechs an, frühstücken, erzählen ein paar Witze, dann heben sie den Pfahl ein bißchen, ruhen sich wieder aus, heben
5 ein bißchen, machen Mittagspause und erzählen wieder ein paar Witze. Um diese Zeit kommt ein preußischer Wanderer mit Rucksack und forschem Schritt daher. Er sieht den Arbeitern eine Weile zu und fragt, wie lange sie schon bei der Arbeit sind. Schließlich verliert er die
10 Geduld bei so viel bayrischer Untüchtigkeit. Er rollt die Ärmel hoch, spuckt sich in die Hände und mit einem schneidigen „Hau ruck" hebt er unter großer Anstrengung, der Schweiß tropft ihm von der Stirn, den Pfahl ganz allein an und schafft ihn aus dem Weg.
15 Die Bayern sehen ihm mit offenem Mund zu. Aber sie sind nicht beeindruckt. „Ja", sagt der eine achselzuckend zu dem schwitzenden Preußen, „mit Gewalt!"

So ist es denn nicht verwunderlich, daß Heine, Nietzsche und Thomas Mann, die alle Gelegenheit hatten, intensiv
20 über ihre Landsleute nachzudenken, darüber übereinstimmen, daß das Widerspruchsvolle ein besonderes Merkmal des deutschen Charakters ist.

Thomas Mann sagte einmal, daß es deutsch ist, etwas zwischen einem Patrioten und Europäer, einem Konserva-
25 tiven und einem Nihilisten zu sein. In seinen „Betrachtungen eines Unpolitischen" beschreibt er die Deutschen — von ihm oft „Volk der Mitte" und „Vermittelnde" genannt — als seelischen Kampfplatz europäischer Gegensätze. „In Deutschlands Seele werden die geistigen
30 Gegensätze Europas ausgetragen. Dies ist seine eigentliche nationale Bestimmung. Und wenn ich die ‚deutsche Seele' sage, so meine ich nicht nur im großen die Seele der Nation, sondern ich meine im einzelnen den Kopf, das

Herz des deutschen Individuums: ich meine sogar mich selbst."

Das beste Porträt eines Deutschen mit all seinen inneren Gegensätzen hat Heine geliefert. Für Heine ist Martin Luther der „deutscheste Mann unserer Geschichte". In 5 seinem Charakter sieht er alle Tugenden und Fehler der Deutschen vereinigt. Luther wird für den Dichter zum Repräsentanten Deutschlands.

„Er war zugleich träumerischer Mystiker und ein praktischer Mann der Tat. Seine Gedanken hatten nicht bloß 10 Flügel, sondern auch Hände; er sprach und handelte. Auch war er zugleich ein kalter scholastischer Wortklauber und ein begeisterter, gottberauschter Prophet. Derselbe Mann, der wie ein Fischweib schimpfen konnte, er konnte auch weich sein wie eine zarte Jungfrau. Wenn er des 15 Tags mit seinen dogmatischen Distinktionen sich mühsam abgearbeitet, dann griff er abends zur Flöte, und betrachtete die Sterne und zerfloß in Melodie und Andacht. Er war manchmal wild wie der Sturm, der die Eichen entwurzelt, und dann war er wieder sanft wie der Zephyr, der 20 Veilchen kost. Aus seinem Munde erblühte der Wahlspruch: Wer nicht liebt Wein, Weib und Gesang, der bleibt ein Narr sein lebelang."

Er war ein kompletter Mensch.

Nietzsche gibt dem deutschen Dualismus allerdings eine 25 andere Bedeutung, wenn er feststellt, daß „die Deutschen unfaßbarer, widerspruchsvoller, unbekannter, unberechenbarer, überraschender, selbst erschrecklicher, als es andere Völker sich selber sind: — sie entschlüpfen der Definition!" 30

Ja, es ist schon so, Leute, die zugleich höflich und rücksichtslos und korrekt und undiszipliniert sein können und im Zeitalter der Raketen und Düsenflugzeuge sonntags singend

136

durch die Wälder wandern, die aus Freude an der Arbeit arbeiten und auf diese Weise gewissermaßen aus Idealismus zu Materialisten werden, entschlüpfen der Definition!

Sie erscheinen beinahe so rätselhaft wie Leute, die sich
5 mehr für die Ereignisse in Ghana interessieren als in der Nachbarschaft, — die sich nicht aufregen, weil ein kleiner Junge einer alten Dame keinen Platz macht, sondern weil ein Prinzip gefährdet ist, — die nicht genug frische Luft bekommen können, aber bei jeder Gelegenheit
10 über „Zugluft" klagen, — die Aristokraten als Müßiggänger verachten und aufs höchste geschmeichelt sind, wenn ein Prinz ihnen freundlich zunickt, — die vor Stolz über das deutsche Wirtschaftswunder platzen, jedoch im nächsten Augenblick den Ausdruck „typisch deutsch"
15 als Kritik gebrauchen. Mit einem Wort, wie kann man Leute definieren, die Beethoven mit gleicher begeisterter Hingabe lieben wie das Sauerkraut?

Die meisten Deutschen, die man auf diesen Dualismus aufmerksam macht, lächeln nachsichtig. Sie nehmen es
20 einem nicht sonderlich übel, wenn man sie außerhalb aller Definitionen stellt. Denn das Unerklärliche ihres Charakters, das Unergründliche ihres Wesens halten sie gern für tief.

Und so ist es durchaus möglich, daß Leute, die Beetho-
25 ven und Sauerkraut lieben, komplette Menschen sind! Oder Menschen, zu deren Wesen das Mittlere und Vermittelnde gehört! Vielleicht sind sie sogar Menschen, die einen besonders tiefen Charakter haben — oder gern für tief gelten wollen.
30 So bleiben alle Möglichkeiten offen, und den Spekulationen sind keine Grenzen gesetzt. Denn das ist das Faszinierende und das Angenehme: Man hat über die Deutschen selten völlig unrecht!

FRAGEN

Fragen zu Kapitel 1

1. Worüber konnte man noch vor hundert Jahren sprechen?
2. Aber was können selbst die Fachleute heute nicht?
3. Wie sind die Bücher der jungen deutschen und amerikanischen Autoren?
4. Worin findet man Konformismus unter den westlichen Nationen?
5. An wen denken Deutsche, wenn sie von Amerikanern reden?
6. Und wie stellen sie sich die Amerikanerin vor?
7. Was glauben sie vom amerikanischen Kind zu wissen?
8. Was hat die amerikanische Mutter aus den Frauenmagazinen gelernt?
9. Was bestätigen die Ergebnisse einer Umfrage?
10. Sind Statistiken immer trocken?
11. Wird mehr Bier in Deutschland als in anderen Ländern getrunken?
12. Woran arbeitet Dr. Neugier?
13. Was verwechseln viele oft mit Pedanterie?
14. Was für ein Porträt haben die jungen Amerikaner von den Deutschen skizziert?

15. Warum müssen die Fragen über den typischen Deutschen noch offen bleiben?
16. Was hat sich Dr. Dr. Selig zur Lebensaufgabe gemacht?
17. Worauf warten die Gelehrten mit Spannung?
18. Wer bezeichnete die Deutschen als „Volk der Mitte"?
19. Warum müssen Sie Ihre eigene Meinung formen?
20. Wie lernt man wohl ein Volk am besten kennen?

Fragen zu Kapitel 2

1. An wen erinnert die akademische Jugend von heute?
2. Wo haben viele der jüngeren deutschen Professoren studiert?
3. Was gefällt den jungen Leuten nicht an unserer Welt?
4. Wie kann man am schnellsten Bekanntschaften machen?
5. Wo lebt die deutsche Studentenromantik weiter?
6. An was erinnern sich die Großväter?
7. Woran würde Mark Twain Heidelberg wiedererkennen?
8. Wie sieht Heidelberg heute aus?
9. Wer wollte, daß sich die Studenten am politischen Leben beteiligen?
10. Was wollen die protestierenden Studenten?
11. Wie verschafften sie sich Gehör?
12. Was will die außerparlamentarische Opposition?
13. Was halten die Bürger von Protestmärschen?
14. Was denkt die politische Rechte von der Linken?
15. Wie nehmen sich die demonstrierenden Studenten in der deutschen Landschaft aus?
16. Was bedroht die Bevölkerung neben Atomkriegen und Überbevölkerung?
17. Wer entdeckte den Propheten der Linken?
18. Was verkündet Professor Herbert Marcuse?
19. Wovon träumen die Außerparlamentarier?
20. Wie protestierten Studenten zu anderen Zeiten?

Fragen zu Kapitel 3

1. Wie beginnt eins der beliebtesten deutschen Lieder?
2. Was gibt es in Deutschland zu Tausenden?
3. Wen trifft man in Deutschland von der Ostsee bis zu den Alpen?

4. Wovon befreit das Wandern den jungen Deutschen?
5. Wann packt die Wanderlust den Deutschen?
6. Wofür sollen die Amerikaner kein Verständnis haben?
7. Warum haben die Leute am Strand wenig von der Natur?
8. Was ist die Überraschung, die Helga und Heinz für ihren Freund hatten?
9. Warum nennen sie ihren See den „Mondsee"?
10. Geben Sie das Beispiel eines organisierten Massenvergnügens!
11. Was bedeutet es, wenn die Deutschen vom Trampen reden?
12. Was ist ein Betriebsausflug?
13. Wie verbessert man die Beziehung zwischen Chef und Arbeitern in Amerika?
14. Warum stehen die Angestellten, die auf dem Ausflug sind, verlegen vor einem Kunstwerk?
15. Warum vergaß man Hitze und Durst?
16. Was hatte der Mondsee nicht?
17. Was riet der Erzähler seinen Freunden?
18. Wer nahm außer den drei Wandernden auch am Picknick teil?
19. Was machten die drei Freunde endlich zusammen mit Hunderten von anderen Leuten?
20. Warum beschloß unser Freund, mit hundert anderen Leuten ein paar Tage an die Nordsee zu fahren?

Fragen zu Kapitel 4

1. Erzählen Sie, wann und wo das Stück spielt!
2. Warum schreit der Schaffner: „Gehen Sie nach vorn!"?
3. Warum steht der Kleine nicht auf und gibt der alten Dame seinen Platz?
4. Was ist ein Muttersöhnchen?
5. Wie wissen wir, daß Mutter und Sohn nicht beim Arzt waren?
6. Wann macht das Krakeelen am meisten Spaß?
7. Was hat die Jugend nötig?
8. Was geschieht, wenn Leute sich die Wahrheit sagen?
9. Warum hat die Frau ihre Haltestelle verpaßt?
10. Was ist schon wieder unerhört?

Fragen zu Kapitel 5

1. Warum gähnte George Barton?
2. Wo war er zusammen mit seinen Kollegen?
3. Waren nur Deutsche und Amerikaner beim Vortrag?
4. Was verband man in Deutschland mit Amt und Uniform?
5. Wie konnte man sich den Staatsanwalt nicht vorstellen?
6. Was ist dem deutschen Autofahrer lieb?
7. Auf welches Thema kam Barton im Gespräch mit Alscher zurück?
8. Was gab Drake den Deutschen?
9. Warum nannte der Alte Herr Alscher „Zips"?
10. Was stand über der Tür, durch die Herr Alscher eilte?
11. Was hatte Herr Alscher auf der rechten Backe?
12. Warum war ein Wochenende mit Hans Alscher und Familie anstrengend?
13. Wie verbrachte Herr Barton den Sonntag?
14. Was bedeutet eigentlich „vollschlank"?
15. Warum fragte Frau Alscher, ob ihm der Kuchen nicht schmeckte?
16. Was sind die sogenannten Managerkrankheiten?
17. Was bedeutet „repräsentieren" auf deutsch?
18. Warum sprachen die Möbel, Teppiche und Ölgemälde nicht gerade für den besten Geschmack?
19. Was hatten Alschers Wohnzimmer und die „gute Stube" von Herrn Bartons Großmutter gemeinsam?
20. Warum hatte man nur Akademiker zur Gesellschaft eingeladen?
21. Warum sagt Herr Alscher Herrn Barton, daß sie im Klubhaus unter sich sind?
22. Warum läßt Frau Alscher keinen Fernsehapparat in ihr Haus?
23. Welche deutschen Programme beeindruckten Frau Alscher wenig?
24. Was haben die Leute im Kopf?
25. Was war Herrn Alscher unendlich wichtig?
26. In welcher Rolle war Hans Alscher am sympathischsten?
27. Was zeigen Hans Alschers Kinder anderen Erwachsenen gegenüber?
28. Warum bekam Barton auf der Rückfahrt beinahe graue Haare?

29. Warum tippte Herr Alscher sich mit dem Zeigefinger gegen die Stirn, als jemand ihn zum Bremsen zwang?
30. Warum glaubt Barton, daß Alscher zu den Menschen gehört, die sogar im Pyjama Bügelfalten haben?
31. Worüber hat Barton sich nicht mit Alscher unterhalten können?
32. Wie gibt der Deutsche zu verstehen, daß Barton keine Ahnung von der außenpolitischen Situation hat?
33. Worauf stützt sich Alscher bei jeder Unterhaltung über Außenpolitik?
34. Gegen welchen Vorwurf soll der Deutsche besonders empfindlich sein?
35. Warum stehen die Intellektuellen in Deutschland hoch im Kurs?
36. Aber wo versuchen die Intellektuellen, ihre Intelligenz zu verbergen? Warum?
37. Worüber ist Barton enttäuscht?
38. Was weiß Barton noch nicht von seinem Gastgeber?
39. Was ist eine Aufgabe für die Sphinx oder moderne Psychologen?
40. Warum glaubt er, daß die Deutschen eigenartige Menschen sind?

Fragen zu Kapitel 6

1. Wo sitzen Hans Alscher und seine Frau beim Schachspiel?
2. Warum ist Frau Alscher nicht bei der Sache?
3. Wer hat den jungen Sohn Alschers zum Fußballspiel eingeladen?
4. Warum sitzt der Kleine schon seit einer Stunde beim Telefon?
5. Warum soll der Amerikaner keine Minderwertigkeitskomplexe kennen?
6. Was finden manche Deutschen schwer im Umgang mit Menschen?
7. Warum zeigen die Amerikaner eine gewisse Formlosigkeit in der Kleidung?
8. Wer sieht wie ein Weihnachtsbaum aus?
9. Wer ruft bei Alschers kurz vor acht an?
10. Warum meint Frau Alscher, daß die Amerikaner keine Manieren haben?

11. Inwiefern war Barton ein idealer Gast?
12. Was erwartet man kaum von einem Amerikaner?
13. Wodurch bekommen die Deutschen einen falschen Eindruck von dem Amerikaner?
14. Wodurch glauben viele Amerikaner die Probleme der Welt zu lösen?
15. Was scheint eine Legende zu sein? Warum?
16. Wovor hatte Barton scheinbar großen Respekt?
17. Warum klingelte Herr Barton erst um halb elf an?
18. Warum war der Abend spannend? Und wie entspannen sich Herr und Frau Alscher?
19. Was geschieht beim Schachspiel, wenn Frau Alscher sich konzentriert?
20. Wer ist Herbert von Karajan?

Fragen zu Kapitel 7

1. Warum schloß der Beamte sein Fenster?
2. Was tauchte hinter dem Fensterglas des Schalters auf?
3. Warum hätte der Beamte warten müssen?
4. Worüber nickten die Wartenden ernst?
5. Warum hatte die Dame den Zollbeamten im Hamburger Flughafen als „typisch deutsch" kritisiert?
6. Wann spitzt er die Ohren?
7. Warum verehrte der Deutsche das Ausland und alles Ausländische?
8. Inwiefern ist der Gebildete in Deutschland kosmopolitisch?
9. Was bewundert der Gebildete in Frankreich, in England, in Amerika?
10. Was hat die deutschen Künstler und Bürger seit Jahrhunderten angezogen?
11. Wem erschien der deutsche Sommer wie ein „grün angestrichener Winter"?
12. Was haben die Deutschen viel lieber als einen deutschen Film? Warum?
13. Wofür hat die deutsche Jugend eine fanatische Vorliebe?
14. Woran will man Stand und Bildung eines Menschen in Deutschland erkennen?

15. Wer macht einen unverzeihlichen Fauxpas?
16. Warum ist es in Deutschland nicht einfach, als gebildet zu gelten?
17. Wem vergibt man die falsche Aussprache von Fremdwörtern als Exzentrizität?
18. Was behauptet Thomas Mann über die deutsche Humanität?
19. Warum haben die meisten deutschen Intellektuellen wenig Zeit und Lust, sich für patriotische Zwecke zu erwärmen?
20. Was überläßt man Politikern und Soldaten?
21. Woher stammen die unfreundlichsten Kommentare über die Deutschen?
22. Was ist kein Zufall?
23. Warum wird Friedrich der Große als eigenartiger Patriot bezeichnet?
24. Reiste Goethe auch nach dem Süden?
25. Warum sind die Deutschen im Ausland in einem Dilemma?
26. Wie erscheint vielen das Vaterland aus der Ferne?
27. Was ist für den Deutschen im Ausland typisch deutsch?
28. Was schleppt der Deutsche eine lange Zeit an den Sohlen herum?
29. Wonach sehnen sich viele Deutsche?
30. Wann wußte der Erzählende, daß sein Freund zum guten amerikanischen Bürger geworden war?

Fragen zu Kapitel 8

1. Was für ein Gerücht geht schon lange um?
2. Meinte Mark Twain, daß die deutsche Sprache leichter oder schwerer als die französische sei?
3. Was ist ein Backfisch?
4. Was bedeutet schräge Musik?
5. Was will sich Evelyn kaufen?
6. Wohin muß Petra gehen?
7. Wo finden wir Amerikanismen?
8. Was hilft besonders beim Studium des Deutschen?
9. Was ist eine weitere geniale Sache in der deutschen Sprache?
10. Was ist ein Kochtopf?
11. Wie kann man im Deutschen Wörter erfinden?

12. Was machte dem Engländer Schwierigkeiten?
13. Was ist ein Glasfenster; ein Fensterglas?
14. Was ist der Unterschied zwischen einem Weinglas und einem Glas Wein?
15. Warum hat der Engländer das Vertrauen zu seinem Freund verloren?
16. Was machen die Deutschen gern?
17. Welche kleine Mühe ist nicht der Rede wert?
18. Hat die deutsche Sprache angenehme Seiten?
19. Was ist besonders erfreulich an der deutschen Sprache?
20. Was für Sätze lieben die Deutschen besonders?
21. Woran dachte Goethe, als er sagte: „Der Deutsche ist gelehrt, wenn er sein Deutsch versteht"?
22. Was kann ein Meister dieser besonderen Kunst?
23. Wo spielten die Kinder?
24. Wo verbrachte Anna drei Tage?
25. Wonach spürte sie plötzlich eine ungeheure Sehnsucht?
26. Wer war Toni?
27. Was wußte sie auf einmal?
28. Warum soll man sich erst eine Zigarette anzünden, ehe man sich an den Marathonsatz heranwagt?
29. Was kann man ohne jeden Zeitverlust?
30. Warum wäre es besser, das Ganze zu vergessen?

Fragen zu Kapitel 9

1. Was war der Morgengruß der Wirtin?
2. Und was wird von ihr täglich festgestellt?
3. Warum ist frische Luft eine Passion für viele Deutsche?
4. Warum ist in Deutschland nicht immer Verlaß auf Licht und Sonne?
5. Was ist ein Luftkurort? Gibt es solche in Amerika?
6. Wie kann sich ein kleines Dorf in den Bergen oder an der See zu einem Luftkurort aufschwingen?
7. Beschreiben Sie ein Luftbad!
8. Wogegen ist Luftveränderung das beste Mittel?
9. Was hat frische Luft mit dem Kommunismus zu tun?
10. Wie lautet das Motto der Wirtin?

11. Wo war der Kommunismus ebenso zu Hause wie die Tuberkulose?
12. Bei welcher täglichen Zeremonie wollte Herr Brill nicht
stören?
13. Was zierte am Morgen so manches Fenster? Und was am
Nachmittag?
14. Warum gehen viele Leute ins Café?
15. Wofür sorgt Frau Schneider sonntags?
16. Wie kamen die Familie und der amerikanische Gast zum
Schrebergarten?
17. Wie groß war Schneiders Garten?
18. Was wird im Garten geerntet?
19. Wann ist frische Luft ungesund?
20. Warum ist Zugluft ungesund?

Fragen zu Kapitel 10

1. Was gibt dem Wohnzimmer eine künstlerische Note?
2. Woher weiß Hilde, daß Monika etwas fehlt?
3. Warum sollte Monika eigentlich glücklich sein?
4. Aber warum ist sie nicht glücklich?
5. Für wen interessiert sich Monika?
6. Warum gefallen Amerikaner Hilde nicht?
7. Von wem sind die Blumen?
8. Wie denken sich die Amerikaner die deutsche Frau?
9. Warum will Monika nicht die Rolle einer Hausfrau spielen?
10. Wer glaubt. daß die Liebe durch den Magen geht?
11. Was muß Monika bis zum Sonntag lernen?
12. Was, meint Hilde, ist ein typisch amerikanisches Essen?
13. Was ist ein typisch deutsches Essen?
14. Beschreiben Sie Monikas bessere Idee!
15. Auf wen trinkt die Gesellschaft?
16. Hat das Essen dem amerikanischen Gast gefallen?
17. Was findet Charlie unglaublich?
18. Warum ist er sehr beeindruckt?
19. Was ist dem Max lieber als seine schlanke Linie?
20. Warum soll eine Linzer Torte gesundheitsschädlich sein?
21. Zu welchem Zweck kam Herr Bröselmann bei Monika vorbei?

22. Was sind Schlüsselkinder?
23. Für welchen Beruf entschließt sich eine Frau, wenn sie heiratet?
24. Was ist eine altmodische Ansicht? Nach Charlies Meinung? Und nach Herrn Bröselmanns?
25. Warum kann Hilde nicht einmal die Zeitung lesen?
26. Wann verliert eine Frau die Gelegenheit Frau zu sein?
27. Inwiefern ist eine kluge Frau wie die Dame mit dem Bart auf dem Jahrmarkt?
28. Warum unterbricht Monika plötzlich die Unterredung?
29. Was wollte der Kellner?
30. Was macht Charlie mit der Rechnung? Warum?
31. Wer hat eigentlich den Spaß verdorben?
32. Warum hielt sich Monika so lange mit Bröselmann in der Küche auf?
33. Worin gleicht Charlie der amerikanischen Außenpolitik?
34. Was gefällt Monika besonders an Charlie?
35. Versteht Charlie etwas von Kunst?
36. Warum bringt Charlie Monika ein Kochbuch?
37. Wann soll eine Frau kochen lernen?
38. Woran erinnert das Menü Charlies Freundin?
39. Was halten Charlies Freunde in Amerika für einen schlechten Witz?
40. Warum läßt sich Monika von Charlie in die Geheimnisse der Kochkunst einweihen?

Fragen zu Kapitel 11

1. Für wen werden Zahlen und Statistiken zitiert?
2. Was kann dem unerfahrenen Touristen passieren, wenn er eine Zeitung kauft?
3. Was sind Kopfblätter?
4. Warum ist es nötig, daß viele kleinere Zeitungen als Kopfblatt erscheinen?
5. Was bringt die Bild-Zeitung?
6. Welche Zeitungen haben der deutschen Presse den Ruf als schwer verdaulich eingebracht?
7. Verdienen die deutschen Zeitungen immer noch diesen Ruf?

8. Worin sind die Zeitungen lebendiger geworden?
9. Woran ist aber die ältere Generation gewöhnt?
10. Wodurch wird der Amerikaner an die Presse zu Hause erinnert?
11. Wer trägt dafür Sorge, daß der deutsche Leser, wo er auch lebt, gründlich informiert wird?
12. Was gibt es in einer deutschen Zeitung nicht?
13. Warum kann der deutsche Leser sich nicht über einen Mangel an Unterhaltung beklagen?
14. Beschreiben Sie den Inhalt eines Feuilletons!
15. Was haben viele deutsche Buchkritiker ihren amerikanischen Kollegen voraus?
16. Wodurch verliert man die Lust, ins Kino zu gehen?
17. Warum sind die Spalten mit den Heiratsanzeigen besonders faszinierend?
18. Worüber wundert man sich beim Lesen dieser Anzeigen?
19. Beschreiben Sie die Dame von 26 Jahren, die auf der Suche nach einem Manne ist!
20. Warum hat unser amerikanischer Freund Bedenken, ob er sich zu den vermögenden Akademikern zählen kann?

Fragen zu Kapitel 12

1. Warum sind die Kurorte überfüllt?
2. Was macht dem Generaldirektor Kopfschmerzen?
3. Warum sorgt es Herrn Schreiber, keine Sorgen zu haben?
4. Wann kommen die besten Verträge oft zustande?
5. Warum macht ihn das Surren einer Fliege nervös?
6. Worauf besteht der Leiter für klassische Musik?
7. Hat Herr Schreiber nur im Geschäft Sorgen?
8. Was ißt der Direktor zum Mittagessen?
9. Worüber streiten der Dirigent und Dr. Schulze-Langenberg?
10. Erklären Sie auf deutsch, was „übers Ohr hauen" bedeutet!
11. Warum will der Direktor zurück nach Hause?
12. Wer ärgerte ihn am meisten unter den Kurgästen?
13. Warum konnte Schreiber die „Unvollendete" nicht mitanhören?
14. Welche Musik hört der neue Bekannte Schreibers am liebsten?

15. Warum sind die Menschen, die Börsenberichte lesen, Schreiber sympathisch?
16. Erkannte der Ober die zwei Herren, die ins Lokal kamen?
17. Wem schenkte der Ober seine ganze Aufmerksamkeit? Warum?
18. Was erwarten die Adeligen, obwohl Titel und Mittel nicht mehr zusammengehören?
19. Warum leiden die Adeligen selten an der Managerkrankheit?
20. Wovon leben sie?
21. Was machte der Kellner, ehe er die Weinflasche ins Regal zurückstellte?
22. Warum finden die zwei Herren nicht Zeit, ihre Büros anzurufen?
23. Wie geraten Schallplatten und Strümpfe in Vergessenheit?
24. Interessiert Sie das Essen, das die Herren bestellten? Was wäre Ihnen lieber?
25. Warum fällt Herrn Schreiber der deutsche Dichter ein?
26. Versucht Frau Schreiber, ihren Mann zum Bleiben zu überreden?
27. Was hatte Herr Schreiber seit fünfzehn Jahren nicht gekannt?
28. Was versprechen sich die Generaldirektoren, bevor sie sich verabschieden?
29. Wie macht Herr Schreiber die Heimfahrt?
30. Und was findet er wieder in seiner Welt?

Fragen zu Kapitel 13

1. Was gehört zu einer Demokratie?
2. Wer kritisiert heute wen?
3. Womit ist der Bundesbürger ziemlich beschäftigt?
4. Woher bekommen viele Deutsche ihre Informationen?
5. Weshalb halten es viele Leute nicht für nötig, eine eigene Meinung zu bilden?
6. Wer macht bei den Diskussionsabenden mit?
7. Was wäre eine ideale Kombination für einen Diskussionsabend?
8. Was für Leute betreiben das Diskutieren beruflich?

9. Was muß so ein Berufsdiskutant alles können?
10. Welche Spielregeln muß ein Diskutant beherrschen?
11. Womit kann ein Diskutant das Publikum am meisten beeindrucken?
12. Warum ist es besser, wenn Diskutanten sich vor der Diskussion nicht miteinander unterhalten?
13. Warum fehlte der prominenteste Diskutant?
14. Wie kann Literatur provozieren?
15. Warum sind erfolgreiche Romanschreiber bei anderen Schriftstellern nicht beliebt?
16. Was tat der Schriftsteller mit dem schwarzen Schnurrbart?
17. Worüber hatte der Dicke einiges zu sagen?
18. Wieso machte der Moderator einen taktischen Fehler?
19. Wer sind die Provokateure in unserer Gesellschaft?
20. Warum buhte das Publikum?

Fragen zu Kapitel 14

1. Was interessiert die Deutschen außer dem Ausland?
2. Was charakterisiert die Deutschen besonders?
3. Was hat Nietzsche einmal behauptet?
4. Was hat die Völkerwanderung mit dem deutschen Volk zu tun?
5. Welche Stämme ließen sich in der Mitte Europas nieder?
6. Gibt es diese Stämme im gewissen Sinne heute noch?
7. Wie unterscheidet sich ein Wahlmünchner von einem Preußen?
8. Ist es einfach, die bayrische Mundart und Mentalität zu erlernen?
9. Erzählen Sie die Anekdote, die den Gegensatz zwischen Nord- und Süddeutschen charakterisiert.
10. Was ist ein besonderes Merkmal des deutschen Charakters?
11. Was sagte Thomas Mann über die Deutschen?
12. Wen bezeichnete Heine als den „deutschesten Mann unserer Geschichte"? Und warum?
13. Was hatte Nietzsche über den deutschen Dualismus zu sagen?
14. Warum entschlüpfen die Deutschen der Definition?
15. Was halten die Deutschen gern für tief?

WÖRTERVERZEICHNIS

Nouns appear with article and plural ending. Nouns with acc., dat., and gen. singular endings –n or –en are given with the notation (–n) or (–en).

Weak verbs are marked as *(wk)* or *(wk irreg.)*; strong verbs are given with vowel changes.

ABBREVIATIONS

acc.	accusative
gen.	genitive
irreg.	irregular
obs.	obsolete
pres. subj.	present subjunctive
wk	weak

ab off; ab und zu now and
then
abarbeiten *(wk)* exhaust from
work
abbrechen (bricht ab) a o
break off, stop
der Abend —e evening
das Abendessen — supper
der Abendhimmel — evening sky
abends in the evening
abenteuerlich adventurous,
venturesome, daring
der Abenteurer — adventurer
die Abenteurerin —nen adventuress
aber but
die Abfahrt —en departure
der Abgeordnete —n representative
(in Parliament)
abgesehen disregarding, except
for
abhängen (hing ab) i a depend
abholen *(wk)* fetch, call for
abkühlen *(wk)* cool off
ablehnen *(wk)* reject
ablesen a e read off
abnehmen a o take off
Abraham a Sancta Clara Austrian priest and court chaplain (1644-1709)
abrunden *(wk)* round off
absagen *(wk)* send word that
one is unable to make it, refuse, countermand
abschaffen *(wk)* dispense
with
der Abschied —e departure; zum
Abschied in departing

abschließen o o conclude,
finish
abseits apart, to one side
absondern *(wk)* separate, segregate, seclude, detach
abspielen *(wk)* take place
der Abstand ⁼e barrier; distance;
difference
abstellen *(wk)* turn off
abstrakt abstract
die Abstraktion —en abstraction
abstreiten i i dispute
die Abteilung —en department,
division
abtrocknen *(wk)* dry, dry off
abwählbar subject to recall
ach! oh, alas
achselzuckend with a shrug of
the shoulders
acht eight
der Adel — aristocracy, nobility
der Adelige —n aristocrat
adlig aristocratic
die Affäre —n affair, doings
der Affekt —e emotion
aggressiv aggressive(ly)
ähnlich similar, identical
die Ahnung —en notion, idea
der Akademiker — person with a
college education
die Akribie meticulous accuracy
der Akt —e act (theater)
die Akte —n document, public
papers
die Aktentasche —n briefcase
die Aktie —n stock, share
der Aktienpreis —e stock prices
der Akzent —e accent, highlight
die Algebra algebra

algerisch Algerian

all- all, entire, whole

allein alone; yet, but; allein stehen to be unmarried

allerbest- very best

allerdings in any event; however; of course

alles everything; alles andere als anything but

allgemein general(ly); im allgemeinen in general

der Alltag –e everyday; commonplace

alltäglich commonplace; ordinary

die Alpen Alps

die Alpenlandschaft –en alpine landscape

als as, when; than; als ob, als wie as if, as though; nichts als nothing but

also so, thus, consequently

alt old; älter older; alte Herren former fraternity brothers

das Alter old age; im Alter von at the age of

altmodisch old-fashioned

das Aluminium aluminum

der Amateur –e amateur

die Ameise –n ant

der Amerikakenner – America expert

der Amerikaner – American

die Amerikanerin –nen American woman

amerikanisch American

die Amerikanisierung Americanization

die Amerikanismen Americanisms

das Amt ⁼er office

die Amtsanmaßung –en impersonation of a government official with intent to defraud

amüsieren (wk) amuse

an at, on, in the way of; an sich per se, in itself; vorbei ... an past

analysieren (wk) analyze

anbieten o o offer

die Andacht –en reverence

andächtig reverent(ly), solemn(ly)

ander- other, different

ändern (wk) change, alter

andrehen (wk) turn on

die Anekdote –n anecdote

die Anerkennung recognition

der Anfang ⁼e beginning

anfangen (fängt an) i a begin, do

der Anfänger – beginner

sich anfreunden (wk) become friendly, make friends with

angeben (gibt an) a e quote; den Ton angeben set the tone

angehen ging an angegangen be of concern

der Angehörige (–n) –n member, next-of-kin

die Angelegenheit –en affair, business

angenehm pleasant

angesehen respected

angestrichen painted, covered with paint

angreifbar assailable

angreifen i i attack, assail

die Angst ⁼e fear, anxiety

ängstigen (wk) worry, distress; frighten

anhalten (hält an) ie a stop; hold

ankommen a o arrive; ankommen auf (with acc.) depend on

v

ankündigen *(wk)* announce

die Ankunft ∸e arrival

der Anlaß ∸e occasion, cause

das Anliegen – concern

die Anmaßung –en assumption; Anmaßung eines Amtes fraudulent assumption of an office

die Annahme –n adoption; acceptance

annehmbar acceptable

annehmen a o assume; receive, accept

anonym anonymous

die Anprobe –n fitting

anraten (rät an) ie a advise

anreden *(wk)* address

anregen *(wk)* stimulate

die Anregung –en stimulation, excitement

anrichten *(wk)* cause; produce

der Anruf –e telephone call

anrufen ie u call, telephone

der Ansatzpunkt –e point of departure

anscheinend apparently, evidently

anschneiden i i *(literally)* begin to cut into, broach, introduce

ansehen (sieht an) a e regard, look at, watch; denen man ansah . . . who looked as if

das Ansehen regard, view, prestige; zum Ansehen for "show"

ansetzen *(wk)* begin to, launch

die Ansicht –en viewpoint, opinion

der Anspruch ∸e demand; claim; Ansprüche stellen make de-

mands

anstarren *(wk)* stare

anstellen *(wk)* employ, apply; conduct (as a survey)

anstimmen *(wk)* start to play

anstrahlen *(wk)* light up

anstreben strive for

anstrengen *(wk)* strain, tire, tax

die Anstrengung –en strain, effort

der Anthropologe (–n) –n anthropologist

antiautoritär anti-authoritarian

antideutsch anti-German

die Antwort –en answer, response

anworten *(wk)* answer; antworten auf *(with acc.)* respond to

die Anweisung –en instruction

der Anwesende (–n) –n spectator, listener, one who is present

die Anzahl number

die Anzeige –n advertisement

der Anzeiger – advertiser

sich anziehen o o get dressed; dress up; attract

der Anzug ∸e suit

anzünden *(wk)* light, light up

der Apfel ∸e apple

der Apfelbaum ∸e apple tree

der Apparat –e apparatus, appliance; set

der Applaus applause

der Aquamarin –e aquamarine; bluish-green beryl

das Aquarell –e water color

die Arabeske –n arabesque

die Arbeit –en work, labor, chore

arbeiten *(wk)* work

der Arbeiter – worker, employee

die Arbeitersiedlung –en work-

ers' housing development
die **Arbeitslust** joy in work
das **Arbeitszimmer** — study, den
die **Architektur** —en architecture,
architectural style
der **Ärger** vexation, annoyance
ärgerlich vexed, angrily
ärgern *(wk)* vex, anger, annoy
argumentieren *(wk)* argue
der **Aristokrat** (—en) —en aristocrat
arm poor
der **Arm** —e arm
die **Armbanduhr** —en wrist watch
die **Armee** —n army; host
der **Ärmel** — sleeve
die **Armut** — poverty
aromatisch aromatic
arrogant arrogant (ly)
die **Art** —en way, manner; kind;
auf seine Art in his way;
eine Art von a kind of
der **Artikel** — article; definite article
der **Arzt** ⁼e physician, doctor
der **Asiat** (—en) —en Asiatic
das **Asien** Asia
der **Assistent** (—en) —en assistant
die **Assoziationsfähigkeit** capac-
ity or gift for deriving as-
sociations
ästhetisch esthetic
das **Asthma** asthma
der **Atem** — breath
die **Atempause** —n breathing
pause, lull
die **Atemübung** —en breathing
exercise
der **Atemzug** ⁼e breath
atmen *(wk)* breathe; **auf-
atmen** take a deep breath of
relief
der **Atomkrieg** —e nuclear war
auch also, too

das **Auditorium** — lecture hall
auf upon, on; **auf und ab**
back and forth; **auf Wiedersehen** goodbye
auf- und abpromenieren
(wk) promenade back and
forth
aufbauen *(wk)* build up
aufblicken *(wk)* look up
aufdringlich obtrusive, pushy
auffallen (fällt auf) ie a be
noticeable; obtrude; einem
auffallen strike one
auffangen (fängt auf) i a
catch
auffordern *(wk)* invite, ask,
challenge
aufgeklärt enlightened
sich **aufführen** *(wk)* behave
die **Aufgabe** —n task, lesson, as-
signment
aufgeben (gibt auf) a e give
up, yield
aufgeregt excited
aufhängen *(wk)* hang up
aufheitern *(wk)* cheer up,
lighten
aufheulen *(wk)* roar up
aufhorchen *(wk)* listen
closely, prick up one's ears
die **Aufklärung** enlightenment
die **Auflage** —n circulation; edition
sich **auflehnen** *(wk)* rebel
aufleuchten *(wk)* light up,
shine
aufmachen *(wk)* open
aufmerksam attentive; **aufmerksam machen** call at-
tention to
die **Aufnahme** —n recording
das **Aufnahmestudio** —s recording studio
aufnehmen (nimmt auf) a o

vii

take over; photograph
sich **aufregen** *(wk)* get excited;
get angry
der **Aufsatz** ⸚e essay
aufschlagen (schlägt auf) u
a erect, put up
aufschreiben ie ie record,
write down; sich aufschreiben lassen take a traffic
ticket
die **Aufschrift** –en sign, notice,
legend
sich **aufschwingen** a u promote,
raise
aufsetzen *(wk)* put on; insert
aufstehen a a get up, stand up
aufstellen *(wk)* put up
das **Aufstellen** setting up
auftauen *(wk)* thaw
auftreten (tritt auf) a e appear, make an appearance;
perform
das **Auge** –n eye
der **Augenblick** –e moment
die **Augenbraue** –n eyebrow
das **Augenzwinkern** twinkling of
the eye
aus out of, from; over
ausatmen *(wk)* exhale
der **Ausbau** expansion
ausbreiten *(wk)* spread out,
open
der **Ausdruck** ⸚e expression
ausdrücken *(wk)* express
ausfallen (fällt aus) ie a
come off, turn out
der **Ausflug** ⸚e excursion, outing
der **Ausflugsort** –e point to which
an excursion is made
der **Ausgang** ⸚e exit
ausgeben (gibt aus) a e
spend; pretend
ausgesprochen pronounced,
avowed

ausgewählt selected, chosen
ausgezeichnet excellent
aushalten (hält aus) ie a
stand, endure
das **Ausland** foreign country
(countries), abroad
der **Ausländer** – foreigner
ausländisch foreign
auslegen *(wk)* interpret
ausmachen *(wk)* matter, be of
concern; constitute
die **Ausnahme** –n exception
sich **ausnehmen** (nimmt sich
aus) a o look, appear
auspacken *(wk)* unpack
ausprovozieren cease to provoke
das **Auspuffgas** –e exhaust fumes
sich **ausruhen** *(wk)* rest
die **Ausrüstung** –en equipment
aussehen (sieht aus) a e
look, appear
die **Außenpolitik** foreign policy
außenpolitisch pertaining to
foreign policy
außer aside from, except, in
addition to, outside of;
außer Dienst retired
außerdem besides, moreover,
in addition
außerhalb outside of
außerordentlich extraordinary
außerparlamentarisch extra-
parliamentary
aussetzen *(wk)* criticize
ausspannen *(wk)* relax
die **Aussprache** –n pronunciation
aussprechen (spricht aus) a
o pronounce; utter
aussteigen ie ie get out, alight
ausstrecken *(wk)* stretch out,
extend
ausströmen *(wk)* emanate;
stream out

der **Austausch** –e exchange
austauschen exchange
austragen u a carry out
austrinken a u empty
der **Ausverkauf** ⸚e sale, clearance
sale
ausverkauft sold out
ausweichen i i avoid, dodge
auswendig by heart
ausziehen o o take off; move
out
das **Auto** –s automobile
der **Autobus** –se bus
der **Autofahrer** – driver, chauffeur
automatisch automatic; mechanical
das **Autoputzen** car cleaning
der **Autor** –en author
autoritär authoritarian, bossy
die **Autorität** –en authority
der **Autounfall** ⸚e auto accident
der **Autoverkäufer** – auto salesman
avantgardistisch progressive,
advanced, ultra-modern

der **Bach** ⸚e brook
das **Backen** baking
backen (bäckt) backte gebacken bake
der **Bäcker** – baker
der **Backfisch** –e bobby-soxer,
teenager
das **Bad** ⸚er bath; spa
Bad Homburg famous spa,
north of Frankfurt a. M.
der **Badeanzug** ⸚e bathing suit
der **Badekurort** –e mineral spa
baden (wk) bathe, swim
die **Badetasche** –n beach bag
das **Badezimmer** – bathroom
der **Bahnhof** ⸚e railroad station
bald soon

der **Balkon** –s/e balcony
der **Band** ⸚e volume
der **Bandwurm** ⸚er tapeworm;
bandwurmartig tapeworm-like
die **Bank** ⸚e bench; bank
der **Bankangestellte** (–n) –n
bank employee
das **Bankett** –e banquet
der **Barbar** (–en) –en barbarian,
"peasant"
barbarisch barbarian, savage
Barlach, Ernst German expressionist sculptor and painter
(1870-1938)
das **Barockmöbel** – baroque furniture
der **Baron** –e baron
die **Barrikade** –n barricade; **auf
die Barrikaden treiben** call
to arms, drive to the barricades
der **Bart** ⸚e beard
Basel city in Switzerland
die **Basis** –en basis
die **Baskenmütze** –n beret
das **Bassin** –s pool
der **Bau** –e/–ten construction,
building
der **Baum** ⸚e tree
der **Baumstamm** ⸚e tree trunk
der **Bayer** –n Bavarian
bayrisch Bavarian
beachten (wk) pay attention
to; regard
die **Beachtung** attention; **Beachtung schenken** pay attention
der **Beamte** (–n) –n official
beantworten (wk) answer
die **Beantwortung** –en answering,
reply
beaufsichtigen (wk) oversee,
superintend

bedauern (wk) be sorry, regret

bedeuten (wk) mean, signify

die Bedeutung –en significance, importance

bedienen (wk) serve, wait on

die Bedienung –en service

die Bedingung –en condition

bedrohen (wk) threaten, endanger

beeindrucken (wk) impress

beeinflussen (wk) influence

beenden (wk) finish, conclude

befassen (wk) touch; sich befassen occupy oneself with

befolgen (wk) observe, follow

befreien (wk) free, liberate, release

begegnen (wk) meet, encounter

begeistern (wk) inspire, enthuse, excite

die Begeisterung –en enthusiasm, inspiration

begießen o o sprinkle, water

der Beginn –e beginning, start; zu Beginn at the start

beginnen a o begin, commence

begleiten (wk) accompany

der Begleiter – companion

sich begnügen (wk) content oneself

begreifen i i comprehend

begrüßen (wk) greet, extend greeting

behagen (wk) please, be comfortable

behalten ie a keep; remember

behandeln (wk) treat

die Behandlung –en treatment

behaupten (wk) maintain, assert

die Behauptung –en assertion

die Behausung –en lodging

beheben o o remove, offset, counterbalance

beherrschen (wk) master

die Behörde –n authorities

bei by, at, at the home of, near

beibringen brachte bei beigebracht teach, instruct; einem etwas beibringen teach or show somebody something

beid- both

beieinander together

beim = bei dem while, in

das Bein –e leg

beinah(e) almost

das Beispiel –e example; zum Beispiel for example

bekämpfen (wk) subdue; fight

bekannt acquainted; known, famous, well-known; familiar

die Bekanntschaft –en acquaintance

sich beklagen (wk) complain

bekommen a o receive, get

beleben (wk) animate, liven up

belegen (wk) cover; belegtes Brot sandwich

belehren (wk) instruct, lecture, advise

beleidigen (wk) insult

die Beleidigung –en insult

beleuchten (wk) illuminate; throw light on

der Belgier – Belgian

beliebt favorite, beloved, popular; common, frequent

bellen (wk) bark

die Belohnung –en reward, compensation

belustigen *(wk)* amuse
bemerken *(wk)* notice, observe; remark
die Bemerkung —en remark
sich bemühen *(wk)* try, take pains; go to great lengths
das Benehmen behavior, manners
beneiden *(wk)* envy
benützen *(wk)* use, employ
beobachten *(wk)* observe, notice
die Beobachtung —en observation, remark
bequem comfortable
die Bequemlichkeit —en convenience, comfort
bereichern *(wk)* enrich; enlarge
bereits already, as early as
der Berg —e mountain, hill; über alle Berge sein be far away, be out of reach
das Bergsteigen mountain climbing
der Bericht —e report
berichten *(wk)* report, relate
der Berliner – inhabitant of Berlin
die Berücksichtigung consideration
der Beruf —e profession, trade
berufen ie u appoint
beruflich professional
berufstätig employed, working in business or industry
beruhigen *(wk)* pacify, comfort; console
berühmt famous
berühren *(wk)* touch
beschäftigt busy; occupied
die Bescheidenheit modesty
beschließen o o decide, make up one's mind
beschmutzen *(wk)* dirty

beschneiden i i trim
beschreiben ie ie describe
die Beschreibung —en description
sich beschweren *(wk)* complain
besessen sein to be possessed
besetzen *(wk)* occupy; besetzt occupied; busy
der Besitz —e property
besonders particularly, especially
besorgen *(wk)* worry, be concerned
besser better
der Bestandteil —e component
bestätigen *(wk)* confirm, prove
bestaunen *(wk)* gaze upon something with astonishment
bestehen a a exist; bestehen aus consist of; bestehen auf insist on
bestellen *(wk)* order
die Bestellung —en order
bestimmt definite(ly); certain(ly)
die Bestimmtheit —en certainty
die Bestimmung —en task, vocation; calling; destiny
der Besuch —e visit, call; guest, visitor; zu Besuch visiting
besuchen *(wk)* visit
der Besucher – visitor
betasten *(wk)* feel, run one's hands over
beteiligen *(wk)* participate
beten *(wk)* pray
der Beton —s concrete
betonen *(wk)* emphasize, accentuate, stress
betont accented; marked; stressed
die Betonung —en emphasis; stress

xi

betrachten (wk) examine, observe, study
die Betrachtung —en examination, scrutiny
das Betragen behavior, conduct, bearing
betreiben ie ie pursue, carry on
der Betrieb —e business, factory
der Betriebsausflug ⸚e excursion for employees
der Betrug ⸚e deception, fraud
das Bett —en bed
die Bettdecke —n bed cover, blanket
beugen (wk) bend, bow; inflect; express in inflections
beunruhigen (wk) disturb, worry
beurteilen (wk) judge
bevölkern (wk) populate, crowd
die Bevorzugung —en favoring, preference
bewachsen overgrown, covered
bewahren (von) (wk) protect (from)
die Bewegung —en emotion, feeling; movement
beweisen ie ie prove, demonstrate
die Bewilligung —en concession, permission
der Bewohner — occupant; inhabitant
bewundern (wk) admire
die Bewunderung admiration
die Bewußtseinsänderung —en change of consciousness
bezahlen (wk) pay, pay for
bezaubern (wk) enchant, cast spell
bezeichnen (wk) designate, characterize

betrachten – Blick

die Beziehung —en relationship; connection
der Bezug ⸚e relation; in bezug auf in relation to, in reference to, regarding
die Bibliothek —en library
biegen o o bend; curve
das Bier —e beer
der Bierbrauer — brewer
die Bierhefe —n brewer's yeast
der Biername (—ns) —n fraternity nickname
biertrinkend beer drinking
der Biertrinker — beer drinker
der Biertrinkwettbewerb —e beer drinking contest
bieten o o offer
der Bilanz- und Börsenbericht —e financial statement and stock market reports
die Bilanzziffer —n figures making up financial statement
das Bild —er picture, painting
bilden (wk) form
die Bildung —en education, culture
die Bild-Zeitung tabloid newspaper
billig cheap
binden a u tie
bis until, as far as; including
bisher till now, hitherto
ein bißchen a bit, a little, some
bitte please
bitten a e request; bitten um ask for
bitter bitter, bitterly
blasen blow
blaß pale
das Blatt ⸚er leaf; newspaper
blau blue
bleiben ie ie stay, remain
der Bleistift —e pencil
der Blick —e glance, look

blicken *(wk)* glance
das Blinken twinkle
blond blond
bloß only
blühen *(wk)* bloom, blossom, flower
die Blume –n flower
der Blumenhut ⸚e flower hat
der Blumenstrauß ⸚e bouquet
das Blut blood
blutig bloody
die Blüte –n blossom; flourishing
der Boden ⸚ ground, earth; foundation
der Bogen ⸚ curve
die Bohne –n bean
das Bohnerwachs –e floor wax
der Borsalino Italian-made felt hat
die Börse –n stock market, exchange
böse cross, ill-tempered
der Bote –n messenger
der Brauch ⸚e custom, tradition
brauchen *(wk)* need, use
braungebrannt tanned
die Brauselimonade –n lemon soda; pop
brechen a o break, fracture
breit broad, wide
breittreten (tritt breit) a e having a big spread (newspaper); spread out, spread over
Bremen city in North Germany
bremsen *(wk)* brake, apply brakes
brennen *(wk irreg.)* brannte gebrannt burn
die Brille –n glasses
bringen *(wk irreg.)* brachte gebracht bring; zu Papier

bringen write down; an den Mann bringen deliver; mit sich bringen accompanied by, bring along
der Brocken – fragment
das Brot –e bread
die Brücke –n bridge
der Brunnen – fountain
das Brunnentrinken drinking curative water
das Brunnenwasser spring water
die Brust ⸚e breast
brutal brutal, ruthless
das Buch ⸚er book
die Buche –n beech
die Buchhandlung –en bookstore
die Buchkritik –en book review
die Büchse –n can; aus Büchsen kochen cook out of a can
der Buchstabe (–n) –n letter
das Budget –s budget
der Bug –e bow (ship)
die Bügelfalte –n crease in slacks
buhen *(wk)* boo
die Bühne –n stage
der Bundesbürger – citizen of West German Federal Republic
die Bundesrepublik – Federal Republic
der Bundestag Congress
das Bundesverfassungsgericht Supreme Court
bunt vari-colored, colorful, gay
die Burg –en castle, fort, citadel
der Bürger – citizen
bürgerlich middle class, bourgeois
der Bürgermeister – mayor
der Burgunder Burgundy wine
das Büro –s office
der Bürokrat –en bureaucrat

die **Bürokratie** –n bureaucracy
der **Bursche** (–n) –n fellow
die **Burschenherrlichkeit** – glory
of student days
die **Burschenschaft** –en student
association
der **Bürstenschnitt** –e brush cut
der **Busch** ⸚e bush
die **Butter** butter
das **Café** –s cafe
der **Campingplatz** ⸚e camping
ground
der **Charakter** –e character
charakterisieren (wk) characterize
charakteristisch characteristic
der **Charme** charm, attractiveness
chauvinistisch chauvinistic,
super-patriotic
der **Chef** –s boss, chief; chef
chemisch chemical
das **China** China
der **Chinese** (–n) –n Chinese
christlich Christian
das **Cholesterin** cholesterol
chromeglänzend gleaming
with chrome
das **Cinquecento** 16th century
die **Cordsamthose** –n corduroy
pants
die **Couch** –es couch, sofa
der **Cousin** –s cousin

da since, there, over there
dabei in doing so, while doing
so; at the same time; **dabei
sein** be present
dafür for it; in its place, to
make up for it
dagegen against it; on the
other hand
daher therefore; from that
place; along; **daherschlen-
dern** come up strolling

dahin to that place, away
dahinschleudern (wk) toss
out
dahinter behind that or it
damals then, in those days
die **Dame** –n lady
damit with it, with them; so
that; thus
dämpfen (wk) subdue; "soft
pedal"
der **Dampfer** – steamer
danach after it, after them;
afterward, later
daneben near it, them; next
to it, them; in addition
dank (with dat.) thanks to
die **Dankbarkeit** – gratitude
danke thanks
danken (wk) thank
dann then; **dann und wann**
now and then
daran for that, on it; thereat
darauf upon it; after that;
das kommt darauf an that
depends
daraus out of it; from it
darstellen (wk) represent
darüber over it, about it
darunter among them or it
das the; that; which, those
das **Dasein** existence
daß that
dasselbe the same; **es kommt
auf dasselbe heraus** it
amounts to the same
der **Dativ** dative case
das **Datum Daten** date
dauern (wk) last, take
dauernd incessantly, constantly, all the time
davon about it; from it, from
them
dazu for that, to that
die **Debatte** –n debate, exchange

der **Deckel** – cover, lid
decken *(wk)* cover, set
das **Defizit** –e deficit
deklinieren *(wk)* decline
die **Dekoration** –en decoration
delikat delicate, tasty
die **Delikatesse** –n delicacy
das **Delikt** –e punishable act
demonstrieren *(wk)* demonstrate
denken *(wk irreg.)* dachte gedacht think; **denken an** think of; **zurückdenken** think back, reflect
denkbar imaginable
der **Denker** – thinker
denn for, because
dennoch nonetheless, notwithstanding, yet
die **Depression** –en depression
derartig such; of that order
deren whose, of which, of whom
deshalb for that reason, therefore
dessen of which, whose
deutsch German
der **Deutsche** –n German
das **Deutschland** Germany
die **Devise** –n slogan, motto
der **Dialog** –e dialogue
die **Diät** diet
dicht close(ly), near
die **Dichte** density, tautness
dichten to write poetry
der **Dichter** – poet, writer
die **Dichtung** –en work of poetry or fiction
dick fat, obese
diejenigen those persons
der **Dienst** –e service
das **Dienstmädchen** – maid
dies- this, these; **diesmal** this time

dieselbe the same
diktieren *(wk)* dictate
die **Diktatur** –en dictatorship
das **Dilemma** –s dilemma
das **Ding** –e thing
der **Dingsda** so-and-so
der **Diplomat** (–en) –en diplomat
diplomatisch diplomatic, tactful
der **Dirigent** (–en) –en conductor
dirigieren *(wk)* conduct, direct
die **Diskrepanz** –en discrepancy, inaccuracy
die **Diskussion** –en discussion
der **Diskussionsleiter** – discussion leader
der **Diskutant** –en panelist
diskutieren *(wk)* discuss
distanziert at a distance, in one's place
distanziert-intim formal yet friendly
die **Disziplin** –en discipline
doch yet, still; but; *(with imperative:* will you!)
der **Doktor** –en doctor, Ph.D.
der **Doktortitel** – doctoral title
das **Dokument** –e document
der **Dokumentarfilm** –e documentary film
der **Dollar** –s dollar
die **Dollarprinzessin** –nen millionaire's daughter
die **Dolmetscherin** –nen (female) interpreter
der **Dom** –e cathedral
dominieren *(wk)* dominate, predominate
die **Donau** Danube
donnern *(wk)* thunder
das **Dorf** ⸚er village

die **Dosis** –sen dosage, dose; shot
das **Drama** –en drama
der **Dramaturg** (–en) –en dramatic theorist; play doctor
and editor, a regular position
in German theaters
der **Drang** ⁻e urge, drive; yearning
drängen *(wk)* crowd, pack
der **Draufgänger** – daredevil; go-
getter
draußen outside
drehen *(wk)* turn; **sich
drehen** spin about
drei three
dreimal three times
dreißig thirty
dreizehnt- thirteenth
dringen a u press forward;
insist; urge
dringend urgent
dritt- third; **dritter Akt** third
act
das **Drittel** – one third
drohen *(wk)* threaten
drüben across; **dort drüben**
over there
der **Druck** –e pressure, squeeze;
print
drücken *(wk)* press, squeeze
der **Dschungelkrieg** –e jungle
warfare
der **Duft** ⁻e fragrance
duften *(wk)* have a fragrance,
smell
dumm stupid, silly
die **Dummheit** –en stupidity
dunkel dark, dark-complex-
ioned; **dunkle Existenz**
shady character
dunkelbraun dark brown
dünn thin
durch through, by means of
durchaus by all means;

durchaus nicht by no
means
der **Durchschnitt** –e average; **im
Durchschnitt** on the aver-
age
durchschnittlich at an average
der **Durchschnittsamerikaner** –
average American
durchsonnt sun-drenched
durchsuchen *(wk)* search
through
Dürer, Albrecht famous German artist (1471-1528)
dürfen *(wk irreg.)* (darf)
durfte gedurft may, be per-
mitted, be allowed, dare
der **Durst** thirst
durstig thirsty
das **Düsenflugzeug** –e jet plane
das **Dutzend** –e dozen

eben just; certainly; now, just
now
ebenso just as, equally
ebnen smooth, pave
echt genuine, pure; real
die **Ecke** –n corner; edge
das **Eckhaus** ⁻er corner house
das **Eclair** –s éclair
edel noble
effektvoll effective
egal same; equal; **das ist mir
ganz egal** that's all the same
to me
der **Egoist** (–en) –en egoist
ehe before
die **Ehefrau** –en wife, spouse
ehemalig former, old
der **Ehemann** ⁻er husband
der **Ehepartner** – mate
eher rather; sooner
die **Ehre** –n honor; **zu Ehren**
in honor of

der **Ehrgeiz** ambition
ehrgeizig ambitious
die **Eiche** –n oak
eigen own, individual
die **Eigenart** –en peculiarity
eigenartig peculiar, queer, unique
die **Eigenschaft** –en character, quality
eigensinnig stubborn (ly)
eigentlich actually, really
eilen *(wk)* hurry; **davon eilen** rush off
eilig hurriedly
ein: ein paar a few
einander one another, each other
einatmen *(wk)* inhale
sich **einbilden** *(wk)* flatter oneself, be conceited; **sich viel auf etwas einbilden** think much of something
einbringen *(wk irreg.)* earn, merit *see* **bringen**
der **Eindruck** –̈e impression
einfach simple
einfallen (**fällt ein**) ie a come to mind, occur
das **Einfamilienhaus** –̈er one-family dwelling
einfangen (**fängt ein**) i a capture; crystallize
der **Einfluß** –̈e influence
einflußreich influential
einführen *(wk)* introduce
die **Einführung** –en introduction
eingießen goß ein eingegossen pour (into)
einheimisch native
die **Einheitlichkeit** uniformity
einig united; unanimous;
einig sein be in agreement, agree about
einige some, several, a few

einiges something
die **Einigkeit** – agreement, unity
der **Einkauf** –̈e purchase; **Einkäufe machen** go shopping
das **Einkaufen** shopping
das **Einkommen** – income, earnings
einladen (**lädt ein**) u a invite
die **Einladung** –en invitation
einmal once, at one time, sometime; even; **nicht einmal** not even; **noch einmal** once more; **auf einmal** suddenly
einmalig unique, happening but once
einmischen *(wk)* interfere
einrichten *(wk)* arrange; furnish
die **Einrichtung** –en facility, arrangement; institution
eins one; **eines der . . .** one of; **eins muß ich sagen** one thing I must say
einsam lonely, solitary
einschließlich including
einsteigen ie ie get on; board
einstufen *(wk)* classify, categorize
einteilen *(wk)* divide
einträglich profitable
eintreten (**tritt ein**) a e enter; **für etwas eintreten** argue for, champion
der **Eintritt** –e entrance, admission
einverstanden sein be agreed upon something
einweihen *(wk)* initiate, inaugurate
einwenden *(wk irreg.)* wandte ein eingewandt object, interject
der **Einwohner** – resident, inhabitant

das Eis ice
das Eisbein −e pigs' knuckle
die Eisenbahnschiene −n railroad track
eisig frigid, icy
eitel vain; eine eitle Person a vain person
elastisch elastic, springy
elegant elegant(ly)
elf eleven
der Elfenbeinturm ∸e ivory tower
elisabethanisch Elizabethan
der Ellbogen – elbow
die Eltern parents
emanzipieren (wk) emancipate
die Emigration −en emigration; in der Emigration living abroad
der Empfang ∸e reception; in Empfang nehmen receive
empfehlen (empfiehlt) a o recommend
empfindlich sensitive
empören (wk) be indignant, enraged
endlich finally
endlos endless
die Energie −n energy
energisch energetic
eng narrow; tight
der Engländer – Englishman
englisch English
entdecken (wk) discover
entfernt distant, far-away
entfremden (wk) alienate
entgegennehmen (nimmt entgegen) a o take, accept, receive
entgegnen (wk) respond, answer
enthalten (enthält) ie a contain

einzig – erfahren

der Enthusiasmus enthusiasm
entlang along, beside
entlassen ie a dismiss
der Entmachtete −n disfranchized person
entmenschlichen (wk) dehumanize
entscheiden ie ie decide
entscheidend decisive
sich entschließen o o decide, make up one's mind
entschlüpfen (wk) slip away
sich entschuldigen (wk) apologize; entschuldigen Sie excuse me
entschwinden a u vanish
entsetzen (wk) horrify
entsetzlich horrible, frightful
entsetzt horrified
sich entspannen (wk) relax
entsprechen (entspricht) a o correspond to
entsprechend suitable; adequate
enttäuschen (wk) disappoint
entweder either
entwickeln (wk) develop
die Entwicklung −en development
die Entwicklungshilfe −n development aid, foreign aid
entwurzeln (wk) uproot
die Episode −n episode, incident
erblühen (wk) blossom
die Erdbeere −n strawberry
die Erdbeermarmelade strawberry preserves
die Erde −n earth, soil
der Erdklumpen – clod of earth
die Erdkugel – terrestial globe
sich ereignen (wk) happen, take place
erfahren (erfährt) u a learn, experience

die **Erfahrung** —en experience
erfinden a u invent
die **Erfindung** —en invention,
creation
der **Erfolg** —e success
erfolgreich successful
erfreulich pleasing
erfreut pleased, happy
erfrischen (wk) refresh,
freshen
die **Erfüllung** —en fulfillment
das **Ergebnis** —se result
die **Ergründung** —en investiga-
tion, exploration; **ergrün-
den** explore thoroughly
erhalten ie a receive
erheben o o raise, lift
erholen (wk) recover, refresh
die **Erholung** —en relaxation, re-
creation
die **Erika** heather
erinnern (wk) remind, call to
mind; **sich erinnern** remember; **sich erinnern an**
(with acc.) remind of
erkennen (wk irreg.) see **kennen** recognize
erklären (wk) explain, illus-
trate; declare, announce
die **Erklärung** —en explanation
sich **erkundigen** (wk) inquire
erlauben (wk) allow, permit;
sich erlauben be so free,
dare
erleben (wk) experience
erledigen (wk) finish off; **Europa in ... erledigen** make
Europe in ...
erleichtern (wk) relieve, ease
die **Erleichterung** —en relief
erlernen (wk) learn, acquire
(a skill)
ermahnen (wk) admonish
die **Ermahnung** —en admonition

erneut once again, anew
ernst serious(ly), earnest(ly);
ernsthaft serious, earnest;
grave; sober
ernten (wk) harvest
eröffnen (wk) open up, present itself
erörtern (wk) discuss, debate,
argue; voice
erregt excited; **sich erregen**
get excited
erreichen (wk) reach, arrive
erscheinen ie ie appear
die **Erscheinung** —en appearance;
repräsentative Erscheinung
distinguished-looking person
erschöpfen (wk) exhaust,
wear out
erschrecken (**erschrickt**) a o
be startled, be frightened
erschrecklicher (obs.) more
frightening
erschrocken frightened
erschüttern (wk) stir, move
or affect deeply
ersetzen (wk) substitute, re-
place
erst first; **erst recht** all the
more; not until; **zum erstenmal** for the first time
erstaunen (wk) astonish
erstaunlich astonishing
der **Ertrinkende** —n drowning
person
erwachsen adult, grown-up
erwähnen (wk) mention, state
sich **erwärmen** (wk) become en-
thusiastic; warm up to a subject; take interest in a thing
erwarten (wk) expect; **unerwartet** unexpected
die **Erwartung** —en expectation
erweitern (wk) extend, broad-
en

xix

erwidern *(wk)* reply
erzählen *(wk)* relate, tell
erziehen o o bring up, rear;
   educate
esoterisch esoteric
der Esprit –s spirit; wit
   essen (ißt) a e eat
das Essen – eating, meal
der Eßtisch –e dining table
sich etablieren *(wk)* establish oneself
das Etikett –e label
   etwa for instance, by any
   chance; about, approxi-
   mately
   etwas something, somewhat
   Evchen Evie *(dimin.* of Eva)
   ewig eternal(ly)
die Ewigkeit –en eternity
das Exemplar –e copy
die Exilregierung –en government in exile
   exklusiv exclusive
die Existenz –en existence; being;
   dunkle Existenzen shady
   characters
die Existenzphilosophie existen-
   tial philosophy
   experimentieren *(wk)* experi-
   ment
der Experte –n expert
der Export –e export
das Exportgeschäft –e export
   trade
die Exzentrizität –en eccentri-
   city

   fabelhaft fabulous, marvel-
   ous
die Fabrik –en factory
die Fabrikdirektorin –nen
   woman manager of a factory
   fabrizieren *(wk)* manufacture
das Fach ⸚er field

erwidern – Felix

die Fachleute experts
   fahren (fährt) u a travel,
   ride
der Fahrgast ⸚e passenger
der Fahrkartenschalter – ticket
   window
das Fahrrad ⸚er bicycle
der Fahrstuhl ⸚e elevator
die Fahrt –en ride, trip
der Fall ⸚e case, instance; oc-
   currence
   fallen (fällt) ie a fall; fallen
   lassen drop
   falsch artificial; false, wrong
die Falte –n wrinkle, fold
die Familie –n family
der Fanatiker – fanatic
die Farbe –n color
   farbenfreudig gaily colored
   farbentragend wearing the
   distinctive colors of student
   fraternities
   fast almost, nearly
   faszinieren *(wk)* fascinate
   faul foul, rotten; lazy
die Faust ⸚e fist
der Fauxpas – blunder
die Feder –n pen; writing
die Federdecke –n eiderdown quilt
   fehlen *(wk)* lack, be wanting,
   be missing
der Fehler – mistake; fault; short-
   coming
   feierlich solemn(ly)
die Feierlichkeit –en solemnity;
   ceremony
   feiern *(wk)* celebrate
   fein fine
   feinstem finest
das Feld –er field
   Felix Krull leading character
   in Thomas Mann's novel,
   „Bekenntnisse des Hoch-
   staplers Felix Krull" (1954)

das **Fenster** – window
das **Fensterbrett** –er window sill
das **Fensterglas** ⁼er window glass
die **Ferien** vacation
die **Ferienplanung** –en holiday
    planning
der **Fernsehapparat** –e television
    set
das **Fernsehen** – television
    fertig ready, finished; pre-
    pared
    fertigbringen *(wk irreg.)* see
    bringen accomplish, achieve
    fest firm
    festhalten (**hält fest**) ie a
    cling to, hang on to
    festlich festive
    festsetzen *(wk)* get entrenched
    feststellen *(wk)* ascertain, de-
    termine; assert
    feucht damp, moist
das **Feuilleton** –s literary supple-
    ment
das **Fieber** fever
die **Figur** –en figure; piece
    (chess)
der **Film** –e movie, movies
die **Filmkritik** –en movie review
die **Filmversion** –en movie ver-
    sion
die **Finanz** –en finance
    finanziell financial
    finden fand gefunden find
die **Fingerspitze** –n fingertip
das **Fischweib** –er fishwife
    fix fixed, ingrained
die **Flasche** –n bottle
das **Fleisch** meat
der **Fleiß** industry, diligence
der **Flicken** – patch
die **Fliege** –n fly
    flimmern *(wk)* glisten, glitter
die **Flöte** –n flute
die **Flucht** –en flight, escape

der **Flug** ⁼e flight; **wie im Fluge**
    vergehen pass by in a jiffy
der **Flügel** – wing
der **Flughafen** ⁼ airport
der **Fluß** ⁼e river, stream
    flüstern *(wk)* whisper
der **Flüsterton** ⁼e whisper
die **Flut** –en waters, flood
    folgen *(wk)* follow, pursue
    folgend following
die **Form** –en form, shape, guise
das **Format** –e format; **ein Mann**
    von Format man above
    average
    formell formal
    formen *(wk)* form
    formlos formless, battered,
    shapeless
die **Formlosigkeit** –en shapeless-
    ness; informality
    forsch daring, smart, dashing
die **Forschheit** daringness; smart-
    ness
    fortfahren (**fährt fort**) u a
    continue
    fortschrittlich progressive
die **Fortschrittlichkeit** progres-
    siveness
    fortzetzen *(wk)* continue
die **Fortsetzung** –en continua-
    tion; installment
der **Fortsetzungsroman** –e serial-
    ized novel
    forumsfüllend forum (even-
    ing) filling
die **Fortuna** Roman goddess of
    fortune
der **Fotograf** (–en) –en photog-
    rapher
    fotografieren *(wk)* photo-
    graph
der **Frack** ⁼e tailcoat
die **Frage** –n question
    fragen *(wk)* ask

die **Franken** Franks (tribe)
das **Frankreich** France
der **Franzose** (–n) –n French man
   französisch French
die **Frau** –en woman, wife; Mrs.
das **Frauenmagazin** –e ladies' magazine
die **Frauenstimme** –n woman's voice
das **Fräulein** – miss
   frech impudent(ly), fresh
   frei free(ly), open; bare; **frei von** free of
   im Freien out-of-doors, in the open
die **Freiheit** –en freedom, liberty
der **Freiherr** (–n) –en baron
   freilich to be sure, of course
   fremd strange, unknown; alien
der **Fremde** –n stranger
die **Fremde** away from home
das **Fremdwort** ⸚er foreign word
die **Freude** –n joy, pleasure
   freudig joyous
   freuen *(wk)* rejoice, make happy; **sich freuen** be happy
der **Freund** –e friend
   freundlich friendly, kindly
die **Freundschaft** –en friendship
   friedlich peaceful(ly)
   Friedrich der Große Frederick the Great, Frederick II of Prussia (1740-86)
   frieren o o be cold, freeze
die **Friesen** Frisians (tribe)
   frisch fresh, pure
der **Friseur** –e barber; hairdresser
die **Frisur** –en hairdo
   froh glad, merry; **ich bin froh** I am glad

   fröhlich gay, joyous, happy
   früh early; **früher** in former years; formerly; when young
der **Frühschoppen** – men's get-together for a morning drink
das **Frühstück** –e breakfast; **frühstücken** *(wk)* have breakfast
   fühlen *(wk)* feel; touch; **sich wohl fühlen** be well, feel well
   führen *(wk)* lead, conduct
   füllen *(wk)* fill
das **Füllhorn** ⸚er horn of plenty, cornucopia
das **Fundament** –e foundation
   fünf five; **fünfzig** fifty; **fünfhundert** five hundred
   fünfzehn fifteen
   für for, for the sake of; **fürs** for the; was **für** what kind of
   fürchten *(wk)* fear, be afraid
   fürsorglich with loving care; provident
der **Fürst** (–en) –en prince
der **Fuß** ⸚e foot
der **Fußball** ⸚e football, soccer
das **Fußballspiel** –e soccer game
der **Fußboden** ⸚ floor
der **Fußgänger** – pedestrian
   fußkrank footsore
der **Fußtritt** –e footstep
die **Gabel** –n fork
   gähnen *(wk)* yawn
der **Gang** ⸚ aisle, passageway; walk; pace, gait; **in Gang setzen** get going, put in action
der **Gänsebraten** – roast goose
die **Gänsefüßchen** *(pl.)* quotation marks
   ganz complete; quite; whole; **ganz recht** quite right

das **Ganze** whole
gar quite, at all; **gar nicht** not at all; **oder gar** or even
garantieren *(wk)* guarantee
die **Gartenanlage** –n landscaped garden, grounds
das **Gas** –e gas
die **Gasse** –n lane, alley
der **Gast** ⁼e guest
der **Gastgeber** – host
das **Gasthaus** ⁼er inn, hotel
der **Gasthof** ⁼e rural inn
der **Gatte** (–n) –n husband
die **Gattin** –nen wife
geballt clenched
geben (gibt) a e give, yield; **es gibt** there is, there are
gebettet embedded
das **Gebiet** –e territory; region; sphere
gebildet educated, cultured
der **Gebildete** –n educated person
geboren born
das **Gebot** –e commandment
der **Gebrauch** ⁼e use, employ-ment
gebrauchen *(wk)* use
gebraucht used
gebrechlich feeble, weak, fragile
das **Gedächtnis** –se memory
gedämpft subdued
der **Gedanke** –n thought; **sich Gedanken machen** get ideas, meditate about some-thing; be uneasy about something
der **Gedankenstrich** –e dash
das **Gedicht** –e poem
die **Geduld** patience
die **Gefahr** –en danger; **auf die Gefahr hin** at the risk of
gefährden *(wk)* endanger, imperil

der **Gefährte** (–n) –n companion
gefährlich dangerous
gefallen (gefällt) ie a ap-peal to; like
das **Gefängnis** –se prison
sich **gefaßt machen auf** be pre-pared for
gefeiert celebrated; **ein ge-feierter Künstler** a cele-brated artist
gefroren frozen; **etwas Ge-frorenes** something frozen
das **Gefühl** –e feeling, emotion
gegen against
der **Gegensatz** ⁼e contrast, oppo-site
gegenseitig mutual (ly)
der **Gegenstand** ⁼e object
das **Gegenteil** –e opposite; **im Ge-genteil** on the contrary
geglückt successful, fortunate
geheim secret (ly); **im Ge-heimen** secretly
das **Geheimnis** –se mystery, secret
der **Geheimrat** ⁼e privy council-lor; **Geheimratswitwe** widow of a privy councillor
gehemmt inhibited
gehen ging gegangen go, walk; run (trains); **gehen um** concern, be a question of
das **Gehör** – hearing; **sich Gehör verschaffen** make oneself heard
gehören *(wk)* belong; **ge-hören zu** belong to, be a member of; **gehört** requires
die **Geige** –n violin
der **Geist** –er intellect; spirit; mind
geistig intellectual (ly)
geistreich witty
gekachelt tiled
das **Gekicher** giggling

geladen summoned; kein geladener Gast no invited guest
gelangweilt bored
gelb yellow
das Geld –er money
der Geldschein –e bill
das Geldverdienen earning money, making money
die Gelegenheit –en opportunity; chance; occasion
gelegentlich occasional(ly)
gelehrt learned, educated
der Geliebte –n beloved one
gelten (gilt) a o be taken for, be known as, be regarded as; be valid; gelten lassen let pass, hold valid
gemeinsam together, in unison; in common
das Gemüse – vegetables
gemütlich comfortable, cozy
die Gemütlichkeit warmth and sociability, geniality
genannt called, named
genau exact, exactly
die Genauigkeit –en accuracy, exactness
der Generaldirektor –en president of a firm, bank, etc.
die Generation –en generation
genial ingenious
die Genialität ingeniousness
das Genick –e neck
sich genieren (wk) be embarrassed, be abashed
genießen o o enjoy, have pleasure; taste
genug enough
genügen (wk) suffice
der Genuß –e enjoyment; pleasure in food or drink
der Gepäckträger – porter

gekleidet – Geschöpf

das Geplauder – chit-chat
gerade just, directly; straight; especially
geradezu just about; actually; outright
die Geranie –n geranium
geraten (gerät) ie a fall into, hit upon
das Gerede – talk, tongue wagging
gereizt irritated
das Gericht –e dish; course; court
gern(e) gladly, with pleasure; like to; gern haben like
der Geruch –e scent, smell
das Gerücht –e rumor
gerührt moved, touched
gesamt entire, complete
der Gesang –e song
das Geschäft –e business; shop, store
geschäftlich business, commercial
die Geschäftsleute businessmen
der Geschäftsschluß close of business
der Geschäftssinn business sense, acumen
gescheit clever, intelligent
die Geschichte –n history; story
geschichtlich historical
geschickt skillful
das Geschirr –e dishes
geschlossen closed
der Geschmack –e or –er taste,
geschmacklos in bad taste, tasteless
die Geschmackssache –n matter of taste
geschmackvoll tasteful, in good taste
das Geschöpf –e creature

gesellen *(wk)* join, ally

gesellig sociable, companionable

die Gesellschaft –en party; group, society

die Gesellschaftsreise –n group tour

das Gesicht –er face

das Gespräch –e conversation, talk

die Gestalt –en figure, form

gestatten *(wk)* permit, allow

die Geste –n gesture

gestehen a a confess

gesteppt stitched, quilted

gestern yesterday

gesund healthy; healthful

gesundheitsschädlich injurious to one's health

getrost confident(ly)

die Gewalt –en force; mit Gewalt by force

die Gewalttat –en violence

die Gewalttätigkeit –en act of violence

die Gewerkschaft –en labor union

der Gewerkschaftler – member of a labor union

gewinnen a o win, gain, acquire

gewiß certain, sure, definite; gewissermassen to some extent; in a manner

das Gewissen – conscience

die Gewohnheit –en habit

sich gewöhnen *(wk)* be used to, get used to

gewöhnlich usual(ly), ordinary; common

gewohnt accustomed, usual

die Gießkanne –n watering can

glänzen *(wk)* shine

das Glas ="er glass

gläsern glass, of glass

das Glasfenster – (glass) window

die Glasscherbe –n piece of broken glass

das Glastier –e glass animal

die Glatze –n bald head

glauben *(wk)* believe

gleich right away, at once; same, similar; ganz gleich all the same

gleichen i i resemble

gleichfalls likewise, in the same way

gleichgültig indifferent

gleichkommen (kommt gleich) a o amount to, be equal to

gleichtun a a imitate, emulate

gleichzeitig at the same time

gleiten i i flow; slip, slide

glitzern *(wk)* glisten, shine, shimmer

das Glück fortune, good luck, happiness; zum Glück luckily

glücklich happy, cheerful; fortunate, lucky

glücklicherweise fortunately, luckily

die Glückssache –n a matter of luck, a gamble

glühen *(wk)* glow, shine

gnädig gracious, kind; gnädige Frau madame, ma'am

Goethe, Johann Wolfgang von Germany's greatest poet (1749-1832)

die Goldorange –n golden orange

der Golfplatz ="e golf course

gotisch gothic

gottberauscht divinely inspired, intoxicated

der Gourmet –s gourmet

die Gouverneurswahl –en gubernatorial election

die Gräfin –nen countess
die Grammatik –en grammar
der Grapefruitsaft ∺e grapefruit
  juice
das Gras ∺er grass
  grau grey
  greifen i i grasp, seize, hold
die Grenze –n limit; border
  Gretchen girl's name; deutsches Gretchen simple little
  girl (alluding to Faust's Gretchen)
das Griechenland Greece
  griechisch Greek
  grinsen (wk) grin, grimace
  grollend sulking, growling
  groß big, large, great
die Größe –n size, dimension;
  greatness
die Großmutter ∺ grandmother
  großschreiben capitalize
die Großschreibung capitalization
die Großstadt ∺e big city (over
  100,000 inhabitants)
der Großvater ∺ grandfather
  grün green; ins Grüne to the
  country
der Grund ∺e reason; im Grunde
  basically; auf Grund because of, by virtue of
die Grundlage –n basis, foundation
  gründlich thorough(ly)
die Gründlichkeit thoroughness
das Grundgesetz –e basic law,
  provisional constitution
die Gruppe –n group
der Gruß ∺e greeting; regards
  grüßen (wk) greet
  gucken (wk) stare, spy, look,
  peep, peer
das Gulasch goulash
  gut good, beneficial
  gutaussehend good-looking,
  attractive

gutbezahlt well-paid
gutgelaunt good humored(ly)
gutmütig kind, good-natured-
  (ly); congenial
das Haar –e hair
  haben (hat) hatte gehabt
  have; recht haben be right;
  gut haben be well off
die Hacke –n hoe
  hager haggard; lean, lank,
  thin
der Hagere –n the lean one
der Haken – hook
  halb half; halb elf half past
  ten; halbleer half empty
  hallo hello, hi
das Hälmchen – little blade, stalk
der Hals ∺e throat, neck
  halten (hält) ie a hold; stop;
  deliver; support; halten von
  think of; halten für take
  for; consider
die Haltestelle –n bus stop, tram
  stop
der Hamburger of Hamburg
die Hand ∺e hand
der Händedruck handshake
  handeln (wk) act; es handelt
  sich um it is a question of
das Handgeben – handshaking
der Handkuß ∺e kissing of the
  hand
die Handlung –en action; plot
der Handschuh –e glove
  hangen hing gehangen hang
  hängen (wk) hang
die Harfe –n harp
  harmlos harmless, innocent,
  insignificant
  hart hard
  hassen (wk) hate
  häßlich ugly
  hastig hasty(ily)
  hauen haute gehauen hit

strike; **übers Ohr hauen** cheat

der **Haufen** – heap, pile

häufig frequent

der **Hauptgrund** ⸚e main reason

hauptsächlich chiefly, mainly

das **Hauptwort** ⸚er noun

das **Haus** ⸚er house; **zu Hause** at home; **das Häuschen** little house

die **Hausarbeit** –en house work

die **Hausecke** –n house corner

Hauser, Gayelord contemporary American dietician and food popularizer

die **Hausfrau** –en housewife

der **Haushalt** –e household

der **Hausherr** (–n) –en host

das **Hausjackett** –s house jacket

häuslich domestic

der **Hausschuh** –e slipper

haute cuisine fancy (French) cooking

heben o o lift, raise; shrug

die **Heckenrose** –n hedgerose

das **Heft** –e thin magazine; copy book

heftig violent, violently

die **Heidschnucke** –n moorland sheep, native to the Lüneburger Heide

heikel ticklish, difficult; **eine heikle Sache** a ticklish thing

heilen (wk) heal, cure

das **Heim** –e home, dwelling

die **Heimatstadt** – home town

die **Heimkehr** coming home

heimlich secret(ly)

Heine, Heinrich one of Germany's greatest lyric poets (1797-1856)

die **Heirat** – en marriage

heiraten (wk) marry

die **Heiratsanzeige** –n matrimonial advertisement

heiser hoarse(ly)

heiß hot

heißen hieß geheißen name; call; say; mean; **heißt es nun ...** is it called ...; **das heißt** that is; **was heißt das?** what does this mean?

der **Held** (–en) –en hero

das **Helfen** assistance, aid, help

hell bright; **hellblau** light blue

das **Hemd** –en shirt

der **Hemdsärmel** – shirt sleeve

hemmen (wk) inhibit, obstruct, retard

die **Hemmung** –en inhibition; obstruction

her here, to this point; **Jahre her** years ago

herantreten (tritt heran) a e step up to

herausfinden a u find out, learn, discover

herauskommen a o come out; amount

herausnehmen (nimmt heraus) a o take out, extract

sich **herausstellen** (wk) turn out, happen; prove to be

herb strong, marked, penetrating

herbeieilen (wk) come rushing up

herbeiführen (wk) bring about

der **Herbsttag** –e autumn day

hereinfallen (fällt herein) ie a fall in, fall for

hereinlassen, ließ herein, hereingelassen let in

herfahren (fährt her) u a drive along; **vor jemanden**

herfahren drive ahead of somebody

der Herr (–n) –en gentleman, mister, man; Lord

der Herrenklub –s men's club

die Herrschaft power, authority

herrschaftsfrei ruler-free

herstellen (wk) manufacture, produce

herum around, about; um ... herum round about

herumjonglieren (wk) juggle about

herumschleppen (wk) drag around

herumschneiden i i trim away

herunterbiegen o o bend down

herunterschlingen a u push down; devour

hervorragen (wk) stand out; tower over

hervorwagen (wk) venture forth

hervorziehen, zog hervor, hervorgezogen pull out

das Herz (–ens) –en heart; am Herzen liegen be close to one's heart; zu Herzen nehmen take to heart

das Herzleiden – heart trouble

heute today

heutzutage nowadays

der Hexameter – hexameter

hier here, at this point

die Hilfe –n help

hilflos helpless(ly)

der Himmel – heaven, sky

sich hindurchwinden a u wind one's way through

die Hingabe devotedness

die Hinsicht –en respect, point of view

hinter behind

hintereinander behind each other

hinterher in the rear, behind

der Hinterhof ⁼e small dark courts between rows of tenement houses

hinzufügen (wk) add

hinzusetzen (wk) add

die Hitze heat

hoch high; höher higher; höchst highest; highly; extremely, most

hochgeschlagen turned up

hochmütig arrogant, overbearing

hochrollen (wk) roll up

die Hochschule –n university

der Hochstapler – swindler

hoffen (wk) hope

die Hoffnung –en hope

hoffnungslos hopeless

höflich polite(ly)

die Höflichkeit –en courtesy, politeness

die Höhe –n height; in die Höhe ziehen raise

höhnen (wk) sneer

holen (wk) get, fetch; catch

hören (wk) hear

der Hörer – telephone receiver; listener

der Horizont –e horizon

der Hörsaal ⁼e lecture hall

das Hotel –s hotel

hübsch pretty

die Humanität human character; humanity

der Humor humor, sense of humor

der Hund –e dog

hundert hundred

hungrig hungry

hupen (wk) honk, blow an auto horn; sich durch den

Verkehr hupen honk one's way through traffic

der **Hut** ⸚e hat

das **Hutgeschäft** –e hat shop

hypnotisieren *(wk)* hypnotize

hysterisch hysterical

das **Ich** I; individuality, identity

ideal ideal(ly)

der **Idealismus** idealism

der **Idealist** (–en) –en idealist

die **Idee** –n idea, notion

ideologisch ideological

der **Idiot** (–en) –en idiot

das **Idyll** –e idyl

ignorieren *(wk)* ignore, overlook

ihr you *(intimate plural)*; **ihr** her, its, their; **Ihr** your; **ihr** to her, for her; to it, for it

die **Ilias** Iliad

illuminieren *(wk)* illuminate

die **Illusion** –en illusion, misapprehension

im = **in dem**

immer always, ever; **immer mehr** more and more

immerhin for all that, after all

imponieren *(wk)* impress

imposant striking, imposing

impulsiv impulsive(ly)

der **Indianer** – (American) Indian

der **Individualismus** individualism

der **Individualist** (–en) –en individualist

individualistisch individualistic

der **Industrielle** –n industrialist

die **Inflation** –en inflation

die **Information** –en information

informieren *(wk)* inform, instruct

inhalieren *(wk)* inhale

der **Inhalt** contents

der **Innenminister** Secretary of the Interior

inner internal, interior; das **Innere** inside, interior

innerhalb within

das **Insekt** –en insect; die **Insektenwelt** world of bugs

das **Institut** –e institute

intellektuell intellectual(ly)

der **Intendant** (–en) –en theater director, manager

die **Intensität** intensity, ardor

interessant interesting

das **Interesse** –n interest

interessieren *(wk)* interest; **sich interessieren für** be interested in

international international

die **Interpretation** –en interpretation

das **Interview** –s interview

investigieren *(wk)* investigate

inzwischen meanwhile

irgend any, some

irgendwelch – any *or* some kind

irgendwie somehow, in one way or another

irgendwo somewhere

ironisch ironic, ironically

irrational irrational, compulsive

der **Italiener** – Italian

italienisch Italian

ja yes; after all

die **Jacke** –n suit coat, jacket

das **Jackett** –e jacket

jagen *(wk)* chase; **in die Flucht jagen** chase away

das **Jahr** –e year

die **Jahreszeit** –en season

das **Jahrhundert** –e century
der **Jahrmarkt** ⁼e fair, carnival
das **Jahrzehnt** –e decade
je . . . desto the . . . the
jed- each, every; **ein jeder**
  each and every one
jedenfalls at any rate
jederzeit any time
jedoch however, still, yet
jemals ever, at any time
jemand someone, somebody
jen- that, that particular; former
jetzt now
der **Journalist** (–en) –en journalist
jubeln (wk) rejoice
die **Jugend** youth
jugendhaft youthful
die **Jugendherberge** –n youth hostel
jugendlich youthful
jung young
der **Junge** (–n) –n boy
die **Jungfrau** –en virgin, maiden
der **Junggeselle** (–n) –n bachelor
der **Jüngste** –n the youngest one
der **Juni** June
der **Jurist** (–en) –en jurist

kabarettistisch cabaret-like
das **Kabel** – cable
der **Kaffee** –s coffee
die **Kaffeekanne** –n coffee pot
der **Kaffeeklatsch** –e ladies' gettogether; hen party
die **Kalorie** –n calorie
kalt cold; **etwas Kaltes** something cold
kämpfen (wk) struggle, combat
der **Kampfplatz** ⁼e battlefield
der **Kandidat** (–en) –en candidate

das **Kaninchen** – rabbit
die **Kantine** –n canteen
das **Kapitel** – chapter
die **Karikatur** –en cartoon, caricature
die **Karriere** –n career
die **Karte** –n card, ticket
die **Kartoffel** –n potato
der **Käse** – cheese; das **Käsebrot** –e cheese sandwich
  kassieren (wk) take in money; cash (in)
der **Kasten** – or ⁼ chest, box, container
der **Katalog** –e catalogue
die **Katastrophe** –n catastrophe, disaster
die **Kategorie** –n category
der **Kater** – tomcat
  katholisch catholic
die **Katze** –n cat
der **Katzensprung** ⁼e (literally) cat's leap; short hop, stone's throw
  kauen (wk) chew
  kaufen (wk) buy
das **Kaufhaus** ⁼er department store
der **Kaufmann** -leute merchant, businessman
der **Kaugummi** –s chewing gum
  kaum hardly
  kein not a, not any, no; **keiner** nobody
der **Kellner** – waiter
  kennen (wk irreg.) **kannte gekannt** acquainted with, know; **kennenlernen** get to know
die **Kenntnis** –se knowledge
  kennzeichnen (wk) mark, characterize
  kerzengerade straight as a candle

die **Kette** –n chain; necklace
der **Kiesweg** –e gravel path
das **Kind** –er child
die **Kindererziehung** bringing
    up, training of children
die **Kinderstube** –n good
    breeding, good upbringing;
    nursery
die **Kindheit** –en childhood
    kindisch childish, juvenile
das **Kino** –s movies
die **Kirche** –n church
der **Kirschbaum** ⸚e cherry tree
der **Kitsch** trash; inferior, "phony"
    art
    klagen (wk) complain
der **Klang** ⸚e sound
    klappern (wk) rattle
    klar clear
    klarstellen (wk) clarify
die **Klarheit** clarity
das **Klassenzimmer** – classroom
    klassifizieren classify
    klassisch classical
die **Klatschseite** –n gossip page
das **Kleid** –er dress
die **Kleidung** –en dress, clothes,
    costume
    klein little
der **Kleine** –n the little one
der **Klempner** – plumber
das **Klima** –s climate
der **Klimbim** – fuss
    klingeln (wk) ring (bell)
    klingen a u sound, resound
    klopfen (wk) knock, pound
der **Kloß** ⸚e dumpling
    klug intelligent, clever
der **Knall** ⸚e or –e crash, bang,
    report (of a gun)
    knapp sparse, short
die **Kneipe** – beer joint
der **Knicks** –e curtsy
der **Knopf** ⸚e button, push button

die **Knopffabrik** –en button fac-
    tory
das **Kochbuch** ⸚er cookbook
    kochen (wk) cook
die **Köchin** –nen (female) cook
die **Kochkunst** ⸚e culinary art
der **Kochlöffel** – ladle
der **Kochtopf** ⸚e cooking pot
der **Kochtopfdeckel** – lid of pot
der **Koffer** – suitcase
das **Kohlehydrat** –e carbohydrate
    kokett coquettish, flirtatious
der **Kollege** (–n) –n colleague,
    associate
    Kölner of Cologne
die **Kolonie** –n colony
der **Kolossalstil** colossal style
die **Kombination** –en combina-
    tion
    komisch strange; funny
das **Komma** –s comma
das **Kommando** –s command
    kommen a o come, go, arrive;
    wo käme man dahin where
    would this lead; **zurück-
    kommen** come back to; **zu
    Worte kommen** be heard,
    get to speak
der **Kommentar** –e commentary
    kommentieren (wk) comment,
    observe
    kommerziell commercial
das **Kommuniqué** –s communiqué
der **Kommunismus** communism
    komplett complete; well-
    rounded; full
das **Kompliment** –e compliment
    kompliziert complicated
die **Komposition** –en musical
    composition
der **Kompromiß** –e compromise
das **Konfekt** –c candy, sweets
die **Konferenz** –en conference,
    meeting

konform conforming
der Konformismus conformity
der Konformist (–en) –en conformist
konfus confused
der König –e king
konjugieren *(wk)* conjugate
die Konkurrenz –en competition
können (kann) konnte gekonnt can, be able; know how to
konservativ conservative
konservieren *(wk)* preserve, conserve, can
Konstanz city on Lake Constance in Germany
konsumieren *(wk)* consume, devour
der Kontakt –e contact, association
kontaktfreudig eager to make contact
der Kontrapunkt –e counterpoint
die Kontrolle –n control, management
konzentrieren *(wk)* concentrate
das Konzert –e concert
der Kopf ∸e head
das Kopfblatt ∸er identical papers published under different names and mastheads
das Kopfkissen – pillow
die Kopfschmerzen headache
kopfschüttelnd with shaking of head
das Korps – fraternity at German university
korrekt proper(ly), correct(ly)
der Korrespondent (–en) –en correspondent
die Korrespondenz –en correspondence

der Korridor –e corridor
kosen *(wk)* caress
der Kosmopolit (–en) –en cosmopolite
kosmopolitisch cosmopolitan
kostbar expensive, dear
kosten *(wk)* cost; taste
die Kosten costs, expense
der Krach ∸e noise; quarrel
krakeelen *(wk)* brawl
der Krakeeler – brawler, rabblerouser
krank sick
das Krankheitssymptom –e symptom of sickness
der Krawallmacher – trouble maker
der Kredit –e credit
der Kreis –e circle
kreisen *(wk)* describe a circle
die Kreislaufstörung –en circulatory disturbance
kreuzen *(wk)* cross
das Kreuzworträtsel – crossword puzzle
kriechen o o creep, crawl
der Krieg –e war
kriegen *(wk coll.)* get
sich kriegen *(wk)* get one another, marry
der Kriminalroman –e detective story, mystery
die Krise –n crisis
die Kritik –en criticism; Kritik üben exercise criticism
kritisch critical
kritisieren *(wk)* criticize
die Krone –n crown, apex
der Kronprinz (–en) –en crown prince
die Küche –n kitchen; cuisine
der Kuchen – cake
der Kücheneingang ∸e kitchen entrance

kühl cool
der Kühlschrank ∸e refrigerator
kühn bold
kultiviert refined, cultured;
   cultivated
kulturell cultural
der Kultursnob –s intellectual
   snob
der Kultusminister – Minister of
   Culture
die Kundin –nen woman cus-
   tomer
die Kunst ∸e art
die Kunstgalerie –n art gallery
der Künstler – artist, painter
   künstlerisch artistic
   kunstvoll artful
das Kunstwerk –e masterpiece
die Kur –en course of treatment,
   taking the waters; cure
der Kurfürstendamm famous
   shopping street in Berlin
der Kurgast ∸e visitor at a resort
das Kurhaus ∸er resort hotel
der Kurort –e health resort, spa
der Kurs –e exchange, rate of exchange, quotation; hoch im
   Kurs stehen be highly es-
   teemed
der Kursus Kurse course
die Kurve –n curve, turn
   kurz short(ly), brief(ly)
die Kurzgeschichte –n short story

lächeln (wk) smile
lachen (wk) laugh
das Lachen laughter
die Lacher (theatrical jargon)
   laughs (of an audience)
   lächerlich silly, absurd, laugh-
   able
der Ladentisch –e counter
die Lage –n position, situation

lahm lame
der Laie (–n) –n layman
das Land ∸er country, land
der Landgerichtsdirektor –en
   chief justice of state supreme court
die Landschaft –en landscape,
   terrain
die Landsleute compatriots,
   countrymen
die Landstraße –n highway
   lang(e) long, for a long time;
   seit langem since a long
   time; wie lange how long
die Länge –n length; duration
   langsam slow(ly)
   längst long since
   langweilen (wk) bore
   langweilig boring
der Lärm noise
   lassen (läßt) ie a let, allow,
   permit, cause; fallen lassen
   drop
   lässig careless
der Lastwagen – truck
der Lastwagenfahrer – truck
   driver
   lateinisch Latin
das Laub foliage
die Laube –n arbor
der Lauf ∸e course; run
   laufen (läuft) ie au run;
   zu Fuß laufen go on
   foot
   lauschen (wk) listen to
   laut loud(ly)
   lauten (wk) sound; be called
der Lautsprecher – loudspeaker
die Lautverschiebung –en sound
   shift
   lebelang all one's life
das Leben – life
   leben (wk) live
die Lebensart –en way of life

die **Lebensaufgabe** –n life work,
 life's task
die **Lebenslust** joy of life
der **Lebenszweck** –e life's purpose
 lebhaft animated, lively
die **Lederjacke** –n leather jacket
 ledern leather
 leer empty; meaningless
 leeren *(wk)* empty
 legen *(wk)* lay, put
die **Legende** –n legend, myth
 lehnen *(wk)* lean
 lehren *(wk)* teach
der **Lehrer** – teacher
 leicht light, buoyant; easy
der **Leichtsinn** thoughtlessness
 leiden i i endure, suffer, stand
 leidenschaftlich passionate(ly)
 leider unfortunately
 leise soft, low
 leisten *(wk)* accomplish
der **Leitartikel** editorial; der
 Leitartikler – editorial
 writer
 leiten *(wk)* conduct, lead,
 direct
der **Leiter** – director
die **Leitung** –en circuit, line;
 system; direction
 lernen *(wk)* learn
 lesen (liest) a e read
der **Leser** – reader
 letzt- last; **zum letztenmal**
 for the last time
der **Letzte** –n the last one
 leuchten *(wk)* shine, gleam
die **Leute** people
der **Liberier** – Liberian
das **Licht** –er light
 lichtlos dark, devoid of light
der **Lichtstrahl** –en ray of light
die **Liebe** love; **aus echter Liebe**
 out of pure love
 lieben *(wk)* love

 lieber rather; preferable
der **Liebeskummer** trouble with
 love
 liebevoll lovingly
 lieblich charming, lovely
die **Lieblingsfarbe** –n favorite
 color
das **Lieblingswort** –e favorite
 word
 liefern *(wk)* deliver, give;
 supply
 liegen a e lie, recline
die **Linde** –n linden tree
die **Linie** –n line; **in erster Linie**
 in the first place
die **Linke** –n *(pol.)* left
 links left
die **Linzer Torte** Austrian cake
 with almonds
die **Lippe** –n lip
das **Liter** – liter
 literarisch literary
der **Literat** –en man of letters
die **Literatur** –en literature
der **Löffel** – spoon
 lokal local
das **Lokal** –e restaurant, tavern
die **Lokomotive** –n locomotive
der **Lorbeer** –en laurel
 löschen *(wk)* erase, wipe
 lösen *(wk)* solve, resolve
 Louis Quatorze Louis XIV
 Louis Seize Louis XVI
der **Löwe (**–ns**)** –n lion
die **Lücke** –n gap, hole
die **Luft** ⸚e air
das **Luftbad** ⸚er fresh air bath
der **Luftenthusiast (**–en**)** –en
 fresh air enthusiast
 lüften *(wk)* air, ventilate
 luftig airy, breezy, ventilated
der **Luftkurort** –e resort
 luftlos airless

die **Luftveränderung** –en change of air
lukullisch Lucullan (from Lucullus)
die **Lüneburger Heide** largest heath in northwest Germany
die **Lunge** –n lung
die **Lust** ‟e desire, appetite; joy, pleasure
lustig happy, gay; funny; **sich lustig machen über** *(with acc.)* make fun of
das **Lustspiel** –e comedy
Luther, Martin leader of the German Reformation (1483-1546)
das **Luxushotel** –s luxury hotel
die **Lyrik** poetry, lyric poetry

machen *(wk)* do, make, perform
mächtig huge, mighty
das **Mädchen** – girl
mag sein (this) may be so
das **Magazin** –e magazine
der **Magen** ‟ stomach
das **Magenleiden** – stomach disease
mager meager, slight, thin
die **Mahlzeit** –en meal
Mailand Milan
die **Mailuft** May air
der **Main** Main River
die **Makkaroni** macaroni
mal once; **nicht mal** not even
das **Mal** –e time; turn; **einige Male** several times; **das erste Mal** the first time
malen *(wk)* paint
der **Maler** – painter, artist
die **Malerei** painting
malerisch picturesque

man one; people; a person, they
managen *(wk)* manage
die **Managerkrankheit** "manageritis," ailments associated with strain of business pressures
manch- many, many a; some
mancherlei many a thing
manchmal sometimes
der **Mangel** ‟ lack, want; **der Mangel an** the lack of
die **Manier** –en manner; deportment
die **Manifestation** –en manifestation
der **Mann** ‟er man; husband
Mann, Thomas German novelist (1875-1955)
der **Mantel** ‟ cloak, coat
der **Marathonsatz** ‟e marathon sentence
die **Margarine** margarine
die **Margerite** –n daisy
markieren *(wk)* mark
der **Markt** ‟e market, commerce
die **Marktfrau** –en market woman, vendor
die **Marktstatistik** –en market statistics
die **Marmelade** –n jam, marmalade
der **Marsch** ‟e march, hike; music for marching
marschieren *(wk)* march
der **März** March
die **Marzipantorte** –n cake with layers of marchpane
die **Massage** –n massage
die **Masse** –n mass
die **Masseninvasion** –en mass invasion
die **Massenmedien** *(pl.)* mass media

xxxv

das **Massenvergnügen** — mass
pleasure, mass enjoyment
der **Maßstab** ⸚e standard; meas-
ure
der **Materialismus** materialism
die **Materie** —n matter
Maxim's famous Parisian restaurant
die **Mayonnaise** —n mayonnaise
die **Medizin** —en medicine
das **Meer** —e ocean, sea
mehr more
mehrer- several
meinen *(wk)* mean, opine, observe, think of
die **Meinung** —en opinion, idea;
die **Meinung sagen** give a
piece of one's mind
das **Meinunghaben** have opinions
der **Meinungsaustausch** ⸚e exchange of opinions
die **Meinungsumfrage** —n opinion poll, opinion sampling
die **Meinungsverschiedenheit**
—en difference of opinion
meist- most
der **Meister** — master
meistern *(wk)* master
das **Meisterwerk** —e masterpiece
melancholisch melancholy,
sad(ly)
die **Melodie** —n melody
die **Menge** —n quantity, mass;
crowd; lots of
die **Mensa** —s student mess hall
der **Mensch** (—en) —en human
being, person; **ein reizender
Mensch** a charming fellow
das **Menschenleben** life time
menschlich human
die **Mensur** —en student duel
die **Mentalität** —en mentality, at-
titude
das **Menü** —s menu

Massenvergnügen – Mitglied

merken *(wk)* note, observe,
notice
das **Merkmal** —e trait, characteristic; mark, sign
merkwürdig odd, curious,
strange
das **Messer** — knife
die **Metapher** —n metaphor
das (der) **Meter** — meter *(unit of
measurement)*
die **Methode** —n method, system
methodisch methodical(ly)
die **Miene** —n countenance; facial
expression; **ohne die Miene
zu verziehen** without changing the facial expression
die **Miete** —n rent
die **Mietskaserne** —n tenement
das **Mikrofon** —e microphone
die **Milchbar** —s milk bar
die **Milchproduktion** —en milk
production
milde gently
militärisch military, in a military manner
minderwertig inferior
der **Minderwertigkeitskomplex**
—e inferiority complex
mindestens at least
das **Mineralwasser** mineral water
der **Minister** — minister of state
die **Minute** —n minute
mischen *(wk)* mix, involve
die **Mischung** —en mixture
mißtrauen *(wk)* mistrust
die **Mitbestimmung** —en co-deci-
sion
mitbringen *(wk irreg.)* see
bringen bring along, bring to
miteinander with each other
die **Mitfahrerzentrale** —n office
which negotiates rides in
private cars
das **Mitglied** —er member

mitleidig pitying(ly), compassionate

mitmachen (wk) take part in, go along

der Mitmacher – conformist

mitnehmen (nimmt mit) a o take along

mitpfeifen i i whistle in accompaniment

mitschicken (wk) send along

mitstreiten i i join in quarreling

der Mittag –e noon; das Mittagessen – noon meal, lunch

die Mittagspause –n lunch break

die Mitte –n middle, center; in mittleren Jahren middle-aged

mitteilen (wk) convey, communicate

das Mittel – means, remedy, method, preventive

das Mittelalter Middle Ages

mittelalterlich medieval

das Mittelmeer Mediterranean

der Mittelwesten Middle West

die Mitternacht ⁼e midnight

mittlerweile meanwhile

mitverantwortlich sharing responsibility

das Möbel – (piece of) furniture

die Mode –n mode, style, fashion

modern modern

modulieren (wk) modulate

mögen (wk irreg.) (mag) mochte gemocht like, like to; be possible, may possibly

möglich possible

die Möglichkeit –en possibility

möglichst as much as possible; possibly, if possible

der Mohrenkopf ⁼e round éclair

der Mokka – or –s mocha

die Monarchie –n monarchy

der Mönch –e monk

das Monokel – monocle

der Montagabend – Monday evening

die Moral morality

moralisch moral(ly)

der Mord –e murder

mörderisch murderous, neckbreaking

morgen tomorrow

der Morgen – morning

die Morgenluft ⁼e morning air

der Motor –en motor

das Motorboot –e motorboat

motorisieren (wk) motorize

das Motto –s motto

die Mücke –n mosquito, gnat

der Mückenstich –e mosquito bite

müde tired

muffig musty, stale

die Mühe –n effort; trouble

mühelos effortless

mühsam laborious; painstaking

der Müller – miller

der Münch(e)ner – resident of Munich

der Mund –e or ⁼er mouth

die Mundart –en dialect

das Murmeln murmuring

murmeln (wk) murmur

mürrisch sullen, grumpy

das Museum –seen museum

die Musik music, band; der Musiker – musician

musikalisch musical

musikliebend music-loving

die Muße leisure

müssen (wk irreg.) (muß) mußte gemußt must, have to, obliged to; müßte should

der Müßiggänger – idler

der Mut courage

mutig brave(ly)
die **Mutter** ∸ mother
das **Mütterchen** – sweet, old lady
das **Muttersöhnchen** – mama's boy
    Mutti –s "mom," mummy
die **Myrte** –n myrtle
    mysteriös mystical, mysterious
die **Mystik** mysticism

    nach after, to, according to; **nach und nach** gradually
der **Nachbar** –n neighbor
die **Nachbarschaft** –en neighborhood
der **Nachbartisch** –e adjoining table
    nachdem after
    nachdenken dachte nach nachgedacht think about, reflect
    nachdenklich thoughtful(ly), pensively
    nacheifern *(wk)* emulate
    nachgeben (gibt nach) a e yield
der **Nachkomme** –n descendant
der **Nachmittag** –e afternoon
    nachprüfen *(wk)* check out
die **Nachricht** –en news
die **Nachrichtenagentur** –en news agency
    nachrufen ie u call after
    nachsichtig be indulgent toward, tolerant, considerate
    nächst- next, nearest
das **Nachthemd** –en night gown
    nachts at night
    nachweisen wies nach nachgewiesen prove, show
    nah(e) near, close; **näher** closer

    nähern *(wk)* approach, come near
    naiv naive, unaffected
der **Name** (–ns) –n name
    nämlich namely; that is to say
    narkotisieren *(wk)* anesthetize
der **Narr** –en fool
der **Nasallaut** –e nasal sound
die **Nase** –n nose
    naß wet, moist
die **Nation** –en nation
    national national
die **Nationalität** –en nationality
die **Nationalmannschaft** –en national championship team
die **Natur** nature, out-of-doors
der **Naturliebhaber** – nature lover
    natürlich natural
    Nazi = Nationalsozialist
    Neapel Naples
    neben beside, next to, adjacent
    nebenbei incidentally, in passing
    nebeneinander next to each other
das **Nebenzimmer** – adjoining room
    necken *(wk)* tease, kid
    negativ negative
    nehmen a o take
    neigen *(wk)* lean, incline; tend
    nein no
der **Nektar** nectar
    nennen *(wk irreg.)* nannte genannt name, call
der **Nerv** –en nerve; **auf die Nerven gehen** get on one's nerves
    nervös nervous, nervously

nett nice, neat, pretty

das Netz –e net, web

neu new; etwas Neues something new

neugeboren reborn, new born

die Neugier curiosity

neugierig curious

die Neuigkeit –en novelty, innovation

neulich recently

neunt- ninth; die Neunte Beethoven's Ninth Symphony

der Neurologe –n neurologist

neurotisch unstable, unsettled, neurotic

neutralisieren neutralize

der Neuyorker – New Yorker

nicht not

der Nichtgenannte –n the one not mentioned

nichts nothing

nicken (wk) nod; zunicken nod toward

nie never

nieder down

niedergeschlagen discouraged, beaten down; depressed

sich niederlassen (läßt sich nieder) ie a sit down; settle

die Niedersachsen Lower Saxons

niemand nobody

Nietzsche, Friedrich German poet and philosopher (1844-1900)

das Niveau –s level, standard

noch still, yet; noch etwas something else; noch mehr some more; noch einmal once more; nochmal once more; noch nicht not yet

die Nonchalance nonchalance

nonchalant nonchalant, carefree

Nora leading character in Ibsen's play, "Doll's House"

norddeutsch North German

der Norddeutsche –n North German

die Nordsee North Sea

der Nordwind – north wind

normal normal, normally

die Note –n tone; note

das Notstandsgesetz –e emergency law

notwendig necessary

die Notwendigkeit –en necessity

nüchtern sober

nun now, well

nur only

ob whether, if

oben above; up

der Ober – headwaiter

der Oberbürgermeister – lord mayor

der Oberinspektor –en subordinate official; die Oberinspektorsgattin wife of subordinate official

obgleich although

objektiv objective(ly)

das Obst fruit

obwohl although

oder or

die Odyssee Odyssey

der Ofen ÷ stove, oven

offen open, unanswered

die Offenheit frankness

offensichtlich obvious(ly), manifest(ly)

öffentlich public

offiziell official

der Offizier –e officer

die Offizierspension –en officer's pension

öffnen *(wk)* open
oft often
ohne without
das Ohr –en ear
das Ölgemälde – oil painting
der Onkel – uncle
das Opernglas ⁺er opera glass
das Opfer – victim
die Opposition –en opposition
der Optimist (–en) –en optimist
ora et labora *(Latin)* pray and labor
das Orchester – orchestra
ordentlich orderly, neat
die Ordnung –en order
organisieren *(wk)* organize
orientalisch oriental
originell original, unique
der Ort –e place; town; region
die Orthographie –n spelling
die Ostsee Baltic Sea

paar a few
pachten *(wk)* rent, lease
packen *(wk)* pack; seize, lay hold of
die Pädagogik pedagogy
paffen *(wk)* puff
das Paket –e package
die Palme –n palm tree
panem et circenses *(Latin)* bread and circuses
das Papier –e sheet of paper; zu Papier bringen to write down
der Papierkorb ⁺e wastebasket
der Paprika paprika
die Parade –n parade
paradieren *(wk)* parade, exhibit
das Parfüm –s perfume, scent
parfümiert perfumed
der Park –e *or* –s park
die Parkanlage –n park grounds

das Parken parking
parken *(wk)* park
die Parkuhr –en parking meter
das Parlament –e parliament
die Partie –n game
das Paßbild –er passport photo
passen *(wk)* fit, suit; passend appropriate, suitable; paßte would fit
passieren *(wk)* happen
die Passion –en passion
patentiert patented
der Patient (–en) –en patient
patriotisch patriotic
die Pause –n interval; rest, pause
der Pechvogel ⁺ somebody with bad luck
der Pedant –en pedant
die Pedanterie –n pedantry
pedantisch pedantic
peinlich embarrassing, distressing
pendeln *(wk)* shuttle
die Peripherie –n periphery, edge
persisch Persian
die Person –en person
persönlich personal
die Persönlichkeit –en personality; personage
der Pfad –e path
der Pfadfinder – boy scout
der Pfahl ⁺e pole, pile; einen Pfahl aus dem Weg räumen remove a pole
die Pfeife –n pipe
pfeifen i i whistle
der Pfeil –e arrow
der Pfennig –e penny
die Pflanze –n plant
die Pflege –n cultivation, care
das Pflichtbewußtsein sense of duty
pflücken *(wk)* pick, pluck
das Pfund –e pound

das **Phänomen** –e phenomenon
phantasielos unimaginative
phantasieren *(wk)* rave, ramble, be delirious
phantastisch fantastic
der **Philosoph** (–en) –en philosopher
philosophisch philosophical
phönizisch Phoenician
phonologisch phonological
der **Pianist** (–en) –en pianist
das **Picknick** –s picnic
die **Pille** –n pill
der **Plan** ⁓e plan, map, diagram
der **Platz** ⁓e place; seat; room; square; clearing; **Platz machen** make room; das **Plätzchen** small seat
platzen *(wk)* burst; jetzt **platzt mir die Geduld** I am losing my patience
plötzlich sudden, suddenly
die **Poesie** –n poetry
die **Polemik** –en polemics
der **Politiker** – politician
politisch political
das **Polizeigebäude** – police department building
der **Polizeipräsident** –en chief of police
der **Polizist** (–en) –en policeman
pompös pompous, splendid
die **Pont Neuf** bridge in Paris
die **Ponte Vecchio** famous bridge in Florence
populär popular
das **Porträt** –s portrait
die **Pose** –n pose; sich in **Pose setzen** strike a pose
die **Position** –en position; station
der **Postbeamte** (–n) –n official, post office employee

der **Posten** – post, position; station
postulieren *(wk)* postulate
die **Pracht** splendor, display
praktisch practical
prall taut
die **Präposition** -en preposition
der **Präsident** (–en) –en president
die **Präzision** –en precision
die **Präzisionsarbeit** –en precision work
der **Preis** –e price, cost; prize
die **Preissenkung** –en price reduction
die **Presse** –n press
pressen *(wk)* press
das **Prestige** prestige, respect
der **Preuße** –n Prussian; **preußisch** Prussian
der **Preußenkönig** –e king of the Prussians
prima "swell"
primitiv primitive, simple
der **Prinz** (–en) –en prince
prinzipiell in principle
das **Prinzip** –ien principle
prinzlich princely, royal
die **Prise** –n pinch
die **Probe** –n sample; rehearsal
das **Problem** –e problem
das **Produkt** –e product
die **Produktion** –en production
die **Produktionsziffer** –n production figure
der **Professor** –en professor
das **Profil** –e profile
profitieren *(wk)* profit
die **Prognose** –n prognosis
das **Programm** –e program
promenieren *(wk)* promenade, walk
der **Prominenteste** –n the most prominent one

prompt prompt, quick
der Prophet —en prophet
prosaisch prosaic, dull
der Protest —e protest
der Provokateur —e person who
    provokes
provozieren (wk) provoke
das Prozent —e percent
der Prozeß —e trial
die Prügel thrashing; eine
    Tracht Prügel sound
    thrashing
der Psychologe (—n) —n psychol-
    ogist
die Psychologie psychology
psychologisch psychologi-
    cal(ly)
das Publikum public, audience
publikumswirksam effective
    with the public
publizieren (wk) publish
pumpen (wk) pump, fill;
    borrow, "bum"
der Punkt —e period; point
pünktlich punctually
die Puppe —n doll
das Puppenhaus ⸚er doll's house
putzen (wk) dust, polish
die Putzfrau —en cleaning
    woman

das Quadrat —e square
das Quantum —en amount, share,
    dosage
der Quatsch nonsense
das Quattrocento 15th century
quietschen (wk) screech,
    squeal

der Radfahrer — bicyclist
radikal radical
das Radio —s radio
der Radius —ien radius

ragen (wk) tower over, ob-
    trude; project
der Rahmen — frame; im Rah-
    men des in the framework
    of
die Rakete —n rocket
der Rand ⸚er edge
rar rare
der Rasen — lawn
rasen (wk) speed, race; rave
rasend mad; insane; rasend
    schnell terribly fast
der Rasierapparat —e razor
die Rasse —n race; das Rassen-
    gemisch mixture of races
die Rate —n installment
die Rätedemokratie —n a demo-
    cratic system in which gov-
    ernmental activity is control-
    led by councils
die Ratenzahlung —en payment
    on installment plan
die Rätselecke —n puzzle corner
das Rätsel — riddle; enigma
rätselhaft puzzling, myste-
    rious
rauchen (wk) smoke
rauh rough, harsh, coarse
der Raum ⸚e space, room
räumen (wk) clear away, re-
    move; aus dem Weg räu-
    men remove (obstacles)
rauschen (wk) whisper, rustle
reaktionär reactionary
rebellieren (wk) rebel
rechnen (wk) count; rank
die Rechnung —en bill
recht right, all right; quite;
    recht haben be right; zur
    rechten Zeit at the right
    time
das Recht right; justice; law;
    mit Recht rightly; nicht
    recht sein does not suit

die **Rechte** —n *(pol.)* right
rechts right
der **Rechtsanwalt** ⸚e attorney, lawyer
die **Rechtsfrage** —n legal question
der **Redakteur** —e editor
die **Rede** —n speech; **nicht der Rede wert** not worth mentioning
reden *(wk)* talk; **reden von** discuss
das **Regal** —e bookcase
die **Regel** —n rule
regieren *(wk)* govern
die **Regierung** —en government
regnen *(wk)* rain
der **Reichtum** ⸚er riches, wealth
der **Reifen** — tire
die **Reihe** —n row; **an der Reihe sein** be one's turn; **eine Reihe** a number
rein, pure, clean
rein *(slang for* **herein)** in, into; **rein in den Wagen!** (get) into the wagon!
das **Reisebüro** —s travel agency
reisen *(wk)* travel
der **Reisende** —n traveler
reißen i i tear, snatch; **sich um etwas reißen** scramble to snatch something
der **Reiter** — rider, horseman
reizen *(wk)* provoke; charm, stir; irritate
reizend lovely, charming
die **Reklame** —n advertisement
rekonstruieren *(wk)* reconstruct
der **Rennfahrer** — race car driver
die **Reparatur** —en repair; **zur Reparatur** for repair
repräsentabel presentable, nice, distinguished

der **Repräsentant** —en representative
repräsentativ representative
repräsentieren *(wk)* represent; make proper appearance, "keep up with the Joneses"
die **Reserve** —n reserve
reservieren *(wk)* reserve
resignieren *(wk)* resign
resolut resolute, strong-willed
der **Respekt** respect, regard
respektieren *(wk)* respect
respektlos without respect
der **Rest** —e remnant, leftover, rest
das **Restaurant** —s restaurant
retten *(wk)* save, rescue
revolutionswillig revolution-minded
der **Rezensent** (—en) —en reviewer
das **Rezept** —e recipe
der **Rhein** Rhine River
richten *(wk)* aim, direct; judge
richtig right(ly), correct(ly), proper(ly); quite
riechen o o smell; **riechen nach** smell of
riesig huge, gigantic
das **Rindfleisch** beef
ringen a u struggle
der **Ritter** — knight
die **Rivalin** —nen (female) rival
der **Rock** ⸚e skirt
die **Rolle** —n rôle, part
rollen *(wk)* roll; **hoch rollen** roll up
der **Rollkragensweater** — turtleneck sweater
der **Roman** —e novel
der **Romancier** —s novelist; spinner of yarns
der **Romanschreiber** — novelist

romantisch romantic
rosa pink
die Rose —n rose
der Rosenstrauß ⸚e bouquet of roses
rosig rose-colored, rosy
rot red
die Rübe — turnip
rücken (wk) move; change the place of; zurechtrücken put in place; adjust
der Rücken — back
die Rückfahrt —en return trip
die Rückkehr return
der Rucksack ⸚e knapsack, rucksack
rücksichtslos inconsiderate, merciless
der Rücktritt —e resignation
der Rückzug ⸚e retreat, return
das Ruderboot —e rowboat
rudern (wk) row
der Ruf —e reputation; call
rufen (wk) call, shout
die Ruhe quiet, calm; mit der Ruhe "easy does it"
ruhelos restless(ly)
die Rührung emotion, feelings
die Ruine —n ruin; wreckage
ruinieren (wk) ruin
rund round
der Rundfunk radio, broadcasting
der Rundfunkball ⸚e radio ball
das Rußland Russia

der Saal, Säle hall
die Sache —n thing, matter; affair; bei der Sache attentive
sachlich matter-of-fact, objectively
die Sachsen Saxons (tribe)
sagen (wk) say, tell
die Sahne —n cream

die Saison —s season; Saison sein be in sesaon
der Salat —e salad; der Fruchtsalat fruit salad; grüner Salat lettuce
das Salz —e salt
der Same (–ns) —n seed
der Sammler — collector
der Sand sand
die Sandale —n sandal
sanft gentle, soft
die Sardine —n sardine
sarkastisch sarcastic
satirisch satiric
der Satz ⸚e sentence; set of tennis
sauber clean, pure, neat
sauer sour
der Sauerbraten — marinated beef
das Sauerkraut sauerkraut
saugen (säugt) o o absorb; suck
die Säule —n pillar
Saxonia name of student fraternity
schäbig shabby
Schach check (in chess)
die Schachfigur —en chess pieces
das Schachspiel —e chess
schade too bad
der Schaden ⸚ harm, injury; Schaden anrichten cause harm
schaffen (wk) create, constitute; make; transport; bring
der Schaffner — conductor
der Schal —s scarf, shawl, stole
die Schallplatte —n record
die Schallplattenfabrik —en record factory (recording company)
der Schalter — ticket window
die Schande —n shame
scharf sharp; crisp

der **Schatten** – shadow, shade; cloud

schattig shady

der **Schauspieler** – actor

der **Schein** –e banknote; shine

scheinbar apparently

scheinen ie ie seem, appear; shine

schenken *(wk)* give; present

scherzen *(wk)* joke, kid

schick smart, snappy, chic

schicken *(wk)* send

das **Schicksal** –e fate; fateful end

schieben o o push

schief crooked, awry; **schief gehen** fail, flop, go wrong

schießen o o shoot

das **Schiff** –e ship

das **Schild** –er placard, sign

das **Schilf** reed, rush

der **Schilfgürtel** – belt of reeds

Schiller, Friedrich von German dramatist and poet (1759-1805)

schimmern *(wk)* glisten, shimmer

schimpfen *(wk)* scold, abuse; **schimpfen auf** *(with acc.)* grumble about

der **Schirm** –e umbrella, parasol

der **Schlafanzug** ⸚e pajamas

schlafen (schläft) ie a sleep

das **Schlafzimmer** – bedroom

der **Schlag** ⸚e; **mit einem Schlage** all at once

schlagen (schlägt) u a strike, beat; **um sich schlagen** flail about, beat the air; **schlagende Verbindung** –en dueling fraternity

der **Schlager** – hit tune

die **Schlagsahne** whipped cream

das **Schlagwort** –e slogan

die **Schlagzeile** –n headline

die **Schlange** –n queue, line; snake

schlängeln meander, twist and turn

schlank slender

schlau clever, cunning

das **Schlaraffenland** land of milk and honey

schlecht bad, wicked

schleichen i i creep

die **Schleife** –n bow

schlendern *(wk)* stroll

schlicht plain, simple

schließen o o close

schließlich final(ly), ultimate(ly)

schlimm bad; das **Schlimmte** the worst

die **Schloßruine** –n castle ruins

der **Schluck** –e swallow

schlüpfrig slippery

der **Schluß** ⸚e finish, end, conclusion; **Schluß machen** finish, "call it a day"

das **Schlüsselkind** –er child whose mother is employed (literally "key child"; carries house key around neck)

schmal narrow

schmecken *(wk)* taste; taste good

schmeicheln *(wk)* flatter

der **Schmerz** (–es) –en pain, sorrow

der **Schmetterling** –e butterfly

schmettern *(wk)* declaim

der **Schmiß** –e scar, dueling scar

der **Schmuck** –s jewelry; decoration

schmunzeln *(wk)* grin

schnappen *(wk)* snatch; inhale

schnarren *(wk)* snarl

die **Schnauze** –n snout; mouth; **eine freche Schnauze**

haben to have a fresh
repartee
die **Schneekuppe** –n snow cap
**schneiden, schnitt, geschnit-
ten** cut
der **Schneider** – tailor
schneidig energetic, dashing
die **Schneidigkeit** dash, smartness
schnell quick, quickly
die **Schnelle** pace, speed
der **Schnurrbart** ⸚e moustache
der **Schnürsenkel** – shoe lace
der **Schock** –s shock
schockieren *(wk)* shock, disturb
schon already; at this point
schön beautiful; nice; **ganz
schön** quite nice; **die
Schöne** beauty, beautiful
girl
die **Schönheit** –en beauty
schöpfen *(wk)* draw in *(air)*;
inhale; gasp
der **Schoß** ⸚e lap
der **Schrebergarten** ⸚ small family garden plot
der **Schrecken** – shock, horror
schrecklich frightful, fearful;
dreadful
schreiben ie ie write
die **Schreibmaschine** –n type-
writer
der **Schreibtisch** –e desk
schreien *(wk)* yell, cry aloud
die **Schrift** –en writing, essay,
document
der **Schriftsteller** – writer, author
der **Schritt** –e step
das **Schubertlied** –er song com-
posed by Franz Schubert
schüchtern shy, timid
der **Schuh** –e shoe
der **Schuhfabrikant** (–en) –en
shoe manufacturer

das **Schuhhaus** ⸚er shoe store
der **Schuhkarton** –s shoe box
die **Schuhsohle** –n shoe sole
die **Schuld** –en fault, blunder;
debt; guilt
schuld sein be at fault, to be
blamed
die **Schule** –n school
der **Schüler** – pupil, student
der **Schulranzen** – school satchel
der **Schultag** –e school day
die **Schulter** –n shoulder
die **Schürze** –n apron
die **Schüssel** –n bowl
schütteln *(wk)* shake
schützen *(wk)* protect
schwach weak
die **Schwäche** –n weakness
schwanken *(wk)* sway, totter
der **Schwarm** – *(coll.)* idol, hero
schwarz black
schweben *(wk)* float in air;
hover; be suspended
schweigen ie ie be silent;
ganz zu schweigen von . . .
not to speak of . . .
das **Schweigen** silence
schweigend silently
schweigsam silent
der **Schweinebraten** – pork roast
der **Schweiß** sweat
die **Schweiz** Switzerland
schwer heavy; difficult
schwerverständlich difficult to
understand
schwierig difficult, "prickly"
die **Schwierigkeit** –en difficulty
das **Schwimmbad** ⸚er swimming
pool
schwimmen a o swim
sich **schwingen a u** "tear off",
take off
schwitzen *(wk)* sweat
schwül sultry

schwungvoll spirited, animated

sechs six; sechsundzwanzig twenty-six

der Sechsjährige (–n) –n six-year old

der See –n lake; die See –n sea

die Seele –n soul

seelisch mental

segeln (wk) sail, float

sehen (sieht) a e see

sich sehnen (wk) yearn

die Sehnsucht yearning, nostalgia

sehr very

sei pres. subj. of sein be

das Seidenkleid –er silk dress

sein war ist gewesen to be

sein- his, its

seit since, for (past time); seit langem for a long time

die Seite –n side; page

die Sekretärin –nen secretary

der Sekt –e champagne

die Sekunde –n second

selber self, as myself, himself, themselves, etc.

selbst even; self; -selb- same

der Selbstbedienungsladen ⸚ store with self-service

selbstbewußt arrogant, conceited; self-possessed

selbstgebacken home-baked

selbstsicher self-assured

selbstverständlich of course!; matter of course; self-evident

selten seldom, rare, uncommon

die Semantik semantics

senden (wk) broadcast

senden sandte gesandt send, ship

die Sendung –en broadcast

die Sensation –en sensation

sensationell sensational

sentimental sentimental(ly)

die Serie –n series

seriös serious

servieren (wk) serve

servil servile, humble

der Sessel – arm chair

setzen (wk) set; sich setzen sit down; sich in den Kopf setzen get the notion; in Gang setzen get under way; zur Ruhe setzen retire

seufzen (wk) sigh

sich self; selves; each other

sicher secure, established; sure, for sure

die Sicherheit –en security; safety

sicherlich surely

sichtbar visible

das Signal –e signal

das Silbenrätsel – puzzle with syllables

silber silver

singen a u sing

sinken a u collapse, sink

der Sinn –e sense, understanding; Sinn für Humor sense of humor

die Sitte –n custom, manners

die Situation –en state-of-affairs, situation

sitzen saß gesessen sit; be sitting; fit

der Sitzplatz ⸚e seat

die Sitzung –en conference, meeting

die Skala –len gamut, line; scale

der Skandal –e scandal

das Skilaufen skiing

skeptisch sceptical

skizzieren (wk) sketch

die Sklaverei slavery

Slevogt, Max German painter (1868-1932)

der **Smoking** –s tuxedo
der **Snobismus** snobbery
so so, in that way; this way, that way; as; **so etwas** something like that; of that kind; **so . . . wie** as . . . as . . .; **so ein a . . .** like that; **in so einer** in such a
sobald as soon as
soeben just now; just then
das **Sofa** –s sofa, settee
sofort at once
sogar even
sogenannt so-called
der **Sohn** ⁓e son
solch- such, such a
der **Soldat** (–en) –en soldier
solide solid; respectable
sollen *(wk irreg.)* (soll) sollte gesollt be supposed to; ought to, should, shall; be said to, be told to
der **Sommer** – summer
sommerlich summerlike, summery
sondern but, on the contrary, but rather
sonderlich especially
der **Sonnabend** –e Saturday
die **Sonne** –n sun
sonnen *(wk)* sun, sun bathe
die **Sonnenbrille** –n sun glasses
der **Sonnenstrahl** –en sun ray, sunbeam
der **Sonnenuntergang** ⁓e sunset
sonnig sunlit, sunny
der **Sonntag** –e Sunday; **Sonntagabend** Sunday evening
der **Sonntagsgärtner** – Sunday gardener
sonst otherwise; at another time; **umsonst** for nothing; in vain
sonstige other

die **Sorge** –n worry, concern; sorrow; **Sorge tragen** assume responsibility
sorgen *(wk)* worry; care for, provide for
sorgfältig careful(ly); painstaking(ly)
sortieren *(wk)* arrange, sort
sowie as soon as
sowohl . . . als auch not only . . . but also
der **Soziologe** (–n) –n sociologist
die **Soziologie** sociology
sozusagen so to speak
die **Spalte** –n column
spanisch Spanish
spannend exciting, tense
die **Spannung** –en interest, tension; excitement
der **Spargel** – asparagus
das **Sparkonto** –ten savings account
der **Spaß** ⁓e fun, amusement; joke
spät late
später later, later on
spazieren *(wk)* walk, stroll; **auf- und abspazieren** walk up and down
der **Spaziergang** ⁓e walk
die **Spielregel** –n rule of the game
die **Speisekarte** –n menu, bill of fare
die **Spezialität** –en specialty
der **Spiegel** – mirror
spielen *(wk)* play; take place
spielerisch playful(ly)
das **Spielzeug** –e toy
spitz sharp(ly); shrill
spitzen *(wk)* point, sharpen; **die Ohren spitzen** prick up one's ears
spontan spontaneous
die **Sporthosen** slacks

die **Sportjacke** –n sport jacket
die **Sportkleidung** sport clothes
sportlich sporty, jaunty (ily)
die **Sportmütze** –n man's cap
der **Sportwagen** – sports car
spotten *(wk)* mock, deride;
ridicule; **spotten über** *(acc.)*
deride; scoff at
spöttisch mocking, jeering
die **Sprache** –n language, speech
sprechen (spricht) a o speak
der **Sprecher** – speaker
sprichwörtlich proverbial
springen a u jump, spring
der **Springer** – knight (chess
piece)
der **Sprudel** – carbonated water;
mineral water
spucken *(wk)* spit
die **Spur** –en trace, tracks
spüren *(wk)* feel, sense; per-
ceive
der **Staat** –en state, government
der **Staatsanwalt** ∸e public pro-
secutor
der **Staatsmann** ∸er statesman
die **Staatswissenschaft** –en political science
die **Stadt** ∸e city
der **Städter** – city dweller
das **Stadttheater** – city (munici-
pal) theater
der **Stahl** ∸e steel
die **Stahlbrille** –n steel-rimmed
glasses
der **Stamm** ∸e tribe; trunk
stammen *(wk)* stem; come
from
der **Stammgast** ∸e regular patron
stampfen *(wk)* stamp, tram-
ple; cast, forge
der **Stand** ∸e status, social class
standesbewußt class conscious

standesgemäß appropriate to
one's station
ständig constant
der **Standpunkt** –e point of view,
standpoint
stark strong; "thick"; too
much
starren *(wk)* stare
die **Statistik** –en statistic
der **Statistiker** – statistician
statt instead of
der **Staub** dust
der **Staubsauger** – vacuum
cleaner
die **Staubwolke** –n dust cloud
stecken *(wk)* stick; put, place
stehen bleiben blieb stehen
stehen geblieben stop, cease
walking
stehen a a stand
steif stiff, rigid
steigen ie ie climb, ascend,
mount; **in den Zug steigen**
board a train
der **Stein** –e stone
die **Stelle** –n passage, spot, place;
zur Stelle on the spot; **an
Stelle von** instead of
stellen *(wk)* place, put; set,
stand
sterben (stirbt) a o die
sterblich mortal
stereophonisch stereophonic
der **Stern** –e star
stets constantly, always
die **Steuer** –n tax
das **Steuerrad** ∸er steering wheel
stickig stifling
der **Stiefel** – boot
der **Stierkampf** ∸e bullfight
der **Stil** –e style, manner
still quiet
der **Stillstand** stop; standstill
die **Stimme** –n voice

stimmen *(wk)* dispose, incline; vote; be correct; es stimmt it is correct

die **Stimmung** –en mood

der **Stipendiat** –en recipient of a stipend

das **Stipendium** –ien stipend, scholarship

die **Stirn** –en forehead, brow

der **Stock** ⁼e floor; stick

stolpern *(wk)* stumble

stolz proud; **stolz auf** *(with acc.)* proud of

der **Stolz** pride

stopfen *(wk)* mend, darn

stören *(wk)* disturb

stottern *(wk)* stammer; stutter

strahlen *(wk)* beam

der **Strand** –e beach

die **Strapaze** –n exertion, fatigue

die **Straße** –n street

der **Straßenanzug** ⁼e business suit

die **Straßenbahn** –en streetcar

die **Straßenecke** –n street corner

der **Strauß** ⁼e bouquet

strecken *(wk)* extend, stretch

das **Streichholz** ⁼er match

der **Streifen** – strip

der **Streit** –e quarrel

streiten i i quarrel

die **Strickerei** –en knitting

der **Strohhalm** –e straw

der **Strumpf** ⁼e sock, stocking

die **Strumpffabrik** –en hosiery mill

die **Stube** –n room; **gute Stube** Sunday parlor

das **Stück** –e piece

der **Student** (–en) –en student

der **Studentenbund** ⁼e student association

das **Studentenlied** –er student song

die **Studie** –n paper, treatise

der **Studienplan** ⁼e curriculum

die **Studienzeit** –en student days

studieren *(wk)* study

das **Studio** –s studio, recording studio

das **Studium** –ien study

die **Stufe** –n step; level

der **Stuhl** ⁼e chair, seat

die **Stunde** –n hour

stützen *(wk)* base, support

substantiell substantial, palpable

die **Suche** –n search

suchen *(wk)* seek, search; try

die **Sucht** ⁼e mania, strong impulse; "–itis"

das **Südamerika** South America

der **Süddeutsche** –n South German

der **Süden** south

der **Südländer** – man from Southern Europe

die **Südwand** ⁼e southern slope

summen *(wk)* hum

die **Sünde** –n sin

die **Suppe** –n soup

das **Surren** buzzing

süß sweet

das **Symbol** –e symbol

die **Symbolik** symbolism

die **Sympathie** –n sympathy

die **Sympathiekundgebung** –en declaration of solidarity

sympathisch sympathetic, likable

das **Symptom** –e symptom

das **System** –e system

systematisch systematic

die **Szene** –n scene

die **Szenerie** –n scenery, decor

Tacitus, Cornelius (50-116) Roman historian

tadellos faultless
der **Tag** —e day; **eines Tages** some day
die **Tageszeitung** —en daily newspaper
täglich daily, every day
taktisch tactical
taktvoll with tact
das **Tal** ⸚er valley
tanzen *(wk)* dance; **tanzend** dancing
die **Tanzmusik** dance music
die **Tasche** —n pocket; bag; case
die **Tasse** —n cup
die **Tat** —en action, deed; **ein Mann der Tat** a man of action; **in der Tat** indeed
tätig active, professionally engaged
die **Tätigkeit** —en activity
die **Tatsache** —n fact, actuality
tatsächlich actually, in fact
das **Tausend** —e thousand; **zu Tausenden** by the thousands
der **Taxichauffeur** —e taxi driver
der **Techniker** — technician
der **Tee** —s tea
der/das **Teil** —e part, portion; **zum Teil** partly
teilnehmen (nimmt teil) nahm teil teilgenommen participate
der **Teilnehmer** — participant
der **Telefonanruf** —e telephone call
das **Telefonbuch** ⸚er telephone directory
telefonieren phone, ring up
der **Teller** — plate
temperamentvoll temperamental
das **Tempo** —s pace, rate of speed; **im vollen Tempo** at top speed

die **Tendenz** —en tendency; inclination
der **Tennisklub** —s tennis club
der **Tennisschläger** — tennis racket
der **Tennis-Trainer** — tennis instructor
der **Teppich** —e carpet
die **Terrasse** —n terrace
der **Test** —e test
teuer expensive; dear
der **Text** —e body of prose
das **Theater** — theater, legitimate stage
theatralisch dramatic, theatrical
das **Thema** —en theme, topic
die **Theorie** —n theory
die **Thermosflasche** —n thermos bottle
tief deep, profound
die **Tiefe** —n depth, profundity
das **Tier** —e animal
tippen *(wk)* tap; type
der **Tisch** —e table
das **Tischgespräch** —e roundtable discussion
die **Tischmanieren** table manners
das **Tischtennis** ping-pong, table tennis
der **Titel** — title
toben *(wk)* play noisily
der **Tod** death
die **Todesanzeige** —n death notice, obituary
tolerant tolerant
toll mad, zany, wild
der **Tomatensaft** ⸚e tomato juice
der **Ton** ⸚e tone
der **Topf** ⸚e pot
der **Torfgeruch** ⸚e smell of peat
die **Torte** —n fancy cake
tot dead
der **Tote** —n dead person

toternst dead serious

totgeschlagen beaten to death

der Tourist (–en) –en tourist

das Touristendeutsch tourist's German

die Tournee –n tour *(theater)*

die Tracht –en costumes (regional); eine Tracht Prügel a sound thrashing

traditionell traditional

tragen (trägt) u a carry, bear; wear

trampen *(wk)* hitchhike

die Träne –n tear

träumen *(wk)* dream

traurig sad

treffen (trifft) a o meet, come upon, encounter, strike, hit; treffend striking, pertinent

treiben ie ie drive; exercise; practice *(sports)*

trennen *(wk)* separate

die Treppe –n step, stairs

das Treppenhaus ⁼er staircase hall

treten (tritt) a e step

der Trick –s trick, tricky device

trinken a u drink; trinken auf drink to the health of

das Trinkgeld –er gratuity, tip

das Trinkglas ⁼er drinking glass

triumphieren *(wk)* triumph, gloat

trocken dry

trommeln *(wk)* drum

tropfen *(wk)* drip

der Trost consolation

sich trösten *(wk)* console oneself

trotten *(wk)* trot

trotz *(with gen.)* in spite of

trotzdem in spite of it; nevertheless

die Truppe –n troop

die Tuberkulose tuberculosis

die Tugend –en virtue

die Tulpe –n tulip

tun tat getan do; pretend

die Tür –en door

der Turban –e turban

der Turm ⁼e rook or castle; *(chess)* tower

der Typ –en type

die Type –n type, "character" *(slang)*

typisch typical(ly), characteristic

übelnehmen nahm übel übelgenommen be offended, take offense, be touchy

üben *(wk)* practice; exercise

über over, above; about, concerning

überall everywhere

überarbeiten *(wk)* overwork

die Überbevölkerung –en overpopulation

überdimensional oversize; colossal, super

übereinstimmen *(wk)* agree

überflüssig superfluous

überflüssigerweise superfluous(ly)

überfüllen *(wk)* overflow, pack tightly; überfüllt jam packed

übergehen ging über übergegangen change into, turn into

überhaupt in general; at all; überhaupt nicht not at all

überholen *(wk)* overtake

überladen overloaded; overdressed

überlassen (überläßt) ie a leave, yield; assign

überlegen *(wk)* reflect, consider

überlegen superior

übermütig insolent(ly); in high spirits

übernehmen a o take over

überprüfen *(wk)* check, examine, inspect

überraschen *(wk)* surprise, astonish; **überraschend** surprising(ly)

die **Überraschung** –en surprise

überreden *(wk)* persuade

überreichen *(wk)* hand over; present

überschreien ie ie outscream

übersehen (übersieht) a e overlook, fail to see

übersetzen *(wk)* translate

die **Übersetzung** –en translation

übertönen *(wk)* drown out

übertragen u a transfer; record

übertreffen (übertrifft) a o exceed

übertreiben ie ie exaggerate

die **Übertreibung** –en exaggeration

überzeugen *(wk)* convince

üblich customary, usual

übrig remaining; **übrig bleiben** remain to do; **übrig haben** care for; **im übrigen** for the rest, besides

übrigens by the way

die **Uhr** –en clock; **um ... Uhr** at ... o'clock

um around, about; **um zu** in order to

die **Umfrage** –n survey, poll

der **Umgang** association

die **Umgebung** –en environs, surroundings

umgehen i a go around, evade

umgekehrt the other way round, in reverse

umkreisen *(wk)* circle, go around

der **Umriß** –e outline, silhouette

die **Umsatzsteigerung** –en increase in sales

umsehen sah um umgesehen look around, glance back

umsonst in vain; for nothing

der **Umstand** ⁻e trouble, inconvenience

umständlich formally, with ceremony; cumbersome

umtauschen *(wk)* exchange

unangenehm disagreeable, unpleasant

die **Unart** –en bad manners

unaussprechlich unpronounceable

unbedingt definitely, positively, absolutely

unbekannt unknown

unberechenbar incalculable

unbeschreiblich indescribable

unbeschwert unburdened, free

unbestimmt uncertain(ly), weak(ly)

und and; **und wenn** even if

undeutsch un-German

undiszipliniert undisciplined

undurchdringlich impenetrable

undurchsichtig non-transparent, inscrutable

unendlich endless(ly); very, extremely

unentschlossen undecided

unerfahren inexperienced

unergründlich inexplicable; inscrutable

unerhört unheard of, scandalous, shocking

unerklärlich unaccountable

unerschrocken unafraid, fearless

unerwartet unexpected

unfaßbar incomprehensible
die Unfreiheit –en subjugation
ungeduldig impatient
ungeheuer enormous, immense
ungelüftet not aired
ungenau inaccurate
die Ungenauigkeit –en inaccuracy
ungerecht unjust, unfair
ungesund unhealthful
das Ungetüm –e monstrosity
ungewiß uncertain
ungezogen naughty
die Ungezwungenheit unaffectedness, unconstraint
ungläubig incredulous, unbelieving
unglaublich incredible
unglücklich unhappy
unheimlich uncanny
unhöflich impolite, impudent
die Uniform –en uniform
uninteressant uninteresting
universell universal
das Unkraut weeds
unkultiviert unrefined; uncultured
unkundig ignorant; des Lesens und Schreibens unkundig unacquainted with reading and writing, illiterate
unmöglich impossible
unordentlich disorderly
unrecht wrong
unruhig restless, unquiet; uneasy
uns us
unser our
der Unsinn nonsense
unsportlich unsportsmanlike
unsterblich immortal
unsympathisch unsympa-

thetic; not likable
untätig inactive, inert; das untätige Sitzen sitting around doing nothing
unten below, down
unter under, beneath, among
unterbrechen (unterbricht) a o interrupt
der Unterdrückte –n oppressed person
untergeben subordinate; inferior, humble
der Untergebene –n subordinate
unterhalten (unterhält) ie a converse, entertain, amuse
unterhaltend entertaining
die Unterhaltung –en conversation; entertainment; amusement
die Unterkategorie –n subcategory
unternehmen (unternimmt) a o venture, dare, risk
der Unternehmer – businessman (owner or executive)
der Unterricht course of instruction, lesson
unterrichten (wk) teach; inform
unterscheiden ie ie distinguish
der Unterschied –e difference, distinction
unterschiedlich different, diverse
untrennbar inseparable
untreu faithless, unfaithful
die Untüchtigkeit inefficiency
unvergeßlich unforgettable
unverzeihlich unpardonable
unvollendet unfinished, incomplete; imperfect
die Unvollendete Schubert's Unfinished Symphony

unwiderstehlich irresistible
unwissenschaftlich unscientific
uralt ancient, extremely old
der **Urlaub** —e vacation
die **Ursache** —n cause

die **Variante** —n variation
die **Vase** —n vase
der **Vater** ≐ father; **Vati** daddy
das **Vaterland** fatherland
das **Veilchen** – violet
der **Velours** – velour
sich **verabschieden** *(wk)* take leave, say good-bye; dismiss
verachten *(wk)* despise
verächtlich disdainful(ly), contemptuous; contemptible
verändern *(wk)* change
verankern *(wk)* anchor
verantwortungsvoll responsible
verbergen (**verbirgt**) a o hide, conceal
verbessern *(wk)* improve, correct
sich **verbeugen** *(wk)* bow
die **Verbeugung** —en bow
verbieten o o forbid, prohibit
verbinden a u combine, join, unite
die **Verbindung** —en fraternity; connection; link
verboten *(see* **verbieten)** forbidden
verbrauchen *(wk)* use up, consume
verbreiten *(wk)* spread, disseminate
das **Verbot** —e prohibition
verbringen *(see* **bringen)** spend, pass *(time)*
verdaulich digestible; **schwer verdaulich** hard to digest

verderben (**verdirbt**) a o spoil, ruin
verdienen *(wk)* earn; deserve
verdoppeln *(wk)* double
die **Verdopplung** —en doubling
verehren *(wk)* honor; **verehrt** distinguished
der **Verein** —e association, club
vereinigen *(wk)* unite; ally
vereinzelt solitary, scattered
der **Verfall** decline, deterioration
der **Verfasser** – author, writer
verflogen dispelled, dissipated
verfügen *(wk)* have at one's disposal
vergangen past, gone, bygone
vergeben a e forgive
vergebens in vain
vergehen i a pass; perish
vergessen (**vergißt**) a e forget
die **Vergessenheit** oblivion
vergiften *(wk)* poison
der **Vergleich** —e comparison; **im Vergleich** in comparison with
vergleichen i i compare; **verglichen mit** compared with
das **Vergnügen** – pleasure; enjoyment
vergnügt cheerful, merry
vergraben u a bury
der **Verhaftete** —n arrested person
verheiratet married
verhüllen *(wk)* conceal, disguise
verhungern *(wk)* starve
sich **verirren** *(wk)* get lost, lose one's way
verkaufen *(wk)* sell
die **Verkäuferin** —nen salesgirl
der **Verkaufsleiter** – sales manager
der **Verkehr** traffic
das **Verkehrsrecht** traffic law

die Verkehrsregel –n traffic regulation

verknautscht wrinkled, messy

verknoten *(wk)* tangled up, tied in knots

verkümmern *(wk)* degenerate; languish

verkünden *(wk)* announce, inform

der Verlag –e publishing house

verlangen *(wk)* ask, demand

der Verlaß reliability; dependability; trust

verlassen (verläßt) ie a leave, quit; depend upon; abandon

verlaufen (verläuft) ie au proceed, go; sich verlaufen lose one's way

verlegen embarrassed, ill at ease

die Verlegenheit embarrassment

der Verleger – publisher

sich verlieben *(wk)* fall in love

verlieren o o lose; sich verlieren get lost

verlobt engaged to be married

der Verlust –e loss

vermieten *(wk)* rent

der Vermittelnde –n mediator; middle-man; negotiator

das Vermögen – resources, means

vermögend well-to-do

vernachlässigen *(wk)* neglect

vernebelt befogged

vernünftig reasonable

die Verordnung –en order, decree, regulation

verpassen *(wk)* miss, overlook

verraten (verrät) ie a reveal, divulge; betray

verrückt crazy, deranged

verrutschen *(wk)* slip from its place; verrutscht askew

versammeln *(wk)* gather; sich

versammeln assemble, congregate

die Versandabteilung –en shipping department

verschaffen *(wk)* provide, procure

verschieden various, divers, varied

verschlafen sleepy

verschlossen closed; frozen, impersonal

verschüttet buried

die Verschwörung –en plot, conspiracy

verschweigen ie ie conceal; not disclose; keep secret

verschwenden *(wk)* squander

die Verschwendung –en extravagance, squandering

verschwinden a u disappear

versinken a u sink, go down

versklaven *(wk)* enslave

versprechen (verspricht) a o promise

das Verständnis –se understanding; für etwas Verständnis haben have a proper understanding of a thing

verständnislos uncomprehending

verständnisvoll understanding (ly) ; sympathetic

das Versteck –e hiding place; Versteck spielen play hide 'n' seek

verstecken *(wk)* conceal, hide

verstehen *(see* stehen) understand

verstricken *(wk)* entangle

verstummen *(wk)* become silent, cease conversing

der Versuch –e attempt, trial

versuchen *(wk)* try

verteidigen *(wk)* defend

die **Verteidigung** —en defense, protection
der **Vertrag** ⸚e contract
das **Vertrauen** confidence
vertraulich confidential, confiding; familiar, intimate
die **Vertraulichkeit** —en intimacy; familiarity
verträumt dreamily
vertraut familiar; **mit etwas vertraut sein** to be familiar with something
vertreiben ie ie drive away, cast off; eject, dispel
vertreten (**vertritt**) a e represent, stand for
vertrocknen *(wk)* dry up
die **Verwaltung** —en administration
der **Verwandte** —n relative
verwechseln *(wk)* mistake for
verwelken *(wk)* wilt, wither, fade
verwickelt entangled, snarled up
verwirren *(wk)* confuse
verwissenschaftlichen scientifically oriented
verwöhnen *(wk)* pamper, spoil, indulge
verwunderlich astonishing, to be wondered at
der **Verwundete** —n injured person
verzichten *(wk)* give up, renounce, forego
verziehen o o distort; alter; **keine Miene verziehen** not change expression
die **Verzierung** —en decoration, adornment
verzweifeln *(wk)* despair
verzweifelt desperately, in despair

die **Verzweiflung** —en despair
der **Viehzüchter** – cattle raiser
viel much, a great deal, a lot
vielleicht perhaps, maybe; by chance
vierzig forty
viktorianisch Victorian, old-fashioned
die **Villa** —en villa
das **Vitamin** —e vitamin
der **Vogel** ⸚ bird
das **Volk** ⸚er people, nation, race
der **Völkerwanderer** – migration wanderer
das **Volkslied** —er folksong
der **Volksmund** popular saying; **im Volksmund** popularly said
voll full, filled
vollgestopft stuffed full
völlig complete, utter
vollschlank on the plump side (*literally:* full-slender)
der **Volontär** —e apprentice
Voltaire French philosopher and poet (1694-1778)
von from, of, by
voneinander of each other
vor in front of, before; ago; **vor Freude** with joy
voraus ahead; **etwas voraus haben** have advantage over
voraussagen *(wk)* predict
der **Vorfahr** (—en) —en ancestor
vorgehen (**geht vor**) i a take place, go on; precede, go before, come first
vorhaben *(wk irreg.)* plan
der **Vorhang** ⸚e curtain
vorher before, in advance
vorkommen kam vor vorgekommen happen; appear; **bekannt vorkommen** strike one as familiar

vorlesen (liest vor) a e read aloud

die **Vorliebe** preference

vorliegen a e be available

vormachen *(wk)* show; pretend

vorn in front

der **Vorname** −n first name, Christian name

vornehm distinguished; elegant

der **Vorschlag** ∸e suggestion

vorschlagen (schlägt vor) u a propose, suggest

vorschriftsmäßig prescribed, as prescribed

vorsichtig cautious, careful; prudent

vorspielen *(wk)* play for

die **Vorstadtstraße** −n suburban street

vorstellen *(wk)* introduce; **sich vorstellen** *(dat. reflexive)* imagine

die **Vorstellung** −en idea, notion, concept

der **Vorteil** −e advantage

der **Vortrag** ∸e lecture

vortragen (trägt vor) u a give forth, expound

vorüber . . . past; **vorübergehen** (ging vorüber) walked past or by

vorwärtskommen a o get on, get ahead

das **Vorwort** −e preface

der **Vorwurf** ∸e reproach

vorziehen o o prefer

der **Vorzug** ∸e advantage; excellence

wachsen (wächst) u a grow

der **Wagen** − car, vehicle, wagon, coach

wagen *(wk)* dare

die **Wahl** −en choice; election

wählen *(wk)* choose, select

der **Wahlmünchner** − one who has made Munich his home by choice

der **Wahlspruch** motto

wahr true; **nicht wahr?** isn't that so?

während during; while

die **Wahrheit** −en truth

wahrscheinlich probably, apparently, seemingly

der **Wald** ∸er forest

die **Wand** ∸e wall

sich **wandeln** *(wk)* alter, change; **wandeln** promenade

der **Wanderer** − hiker, wanderer, walker

die **Wanderlust** desire to travel, to get away

wanderlustig desirous of travel, of change, of new scenes and sights

wandern *(wk)* wander, walk, hike

das **Wandern** wandering

der **Wandertag** −e hiking day

die **Wanderung** −en hike, trip on foot

der **Wanderverein** −e hiking club

der **Wandervogel** ∸ hiker

wanken *(wk)* waver, totter

warm warm

die **Wärme** warmth, heat

wärmen *(wk)* warm

warten *(wk)* wait; **warten auf** *(with acc.)* wait for

warum why

was what; *(coll.)* something; **was für ein** what kind of

die **Wäsche** −n laundry, wash, washing

die **Wäscherei** −en laundry

die **Waschmaschine** –n washing
machine

das **Wasser** – water

wecken *(wk)* wake, arouse

weder neither; **weder . . .
noch** neither . . . nor

der **Weg** –e way, path, road; **seiner Wege gehen** go one's
way; **sich auf den Weg
machen** set out

wegen because of, on account
of

wehe woe; **wehe dem** too bad
for him; **weh tun** hurt

wehen *(wk)* blow

das **Weib** –er woman, wife

weiblich female, feminine

weich soft, loose

das **Weihnachten** – Christmas; **zu
Weihnachten** for Christmas

der **Weihnachtsbaum** ∸e Christmas tree

weil because

die **Weile** while; interval

der **Wein** –e wine; **das Weinlokal**
wine restaurant

die **Weinbergschnecke** –n vine-
yard snail

weinen *(wk)* cry, weep

das **Weinen** crying, tears; **dem
Weinen nahe** on the verge
of tears

die **Weinflasche** –n wine bottle

das **Weinglas** ∸er wine glass

die **Weise** –n way, manner

die **Weisheit** –en wisdom; saying

weiß white

weit far; wide; large; **bei
weitem** by far; **weiter**
further

sich **weiterbilden** *(wk)* continue
one's education

weiterleben survive, live on,
persist

weiterschweigen ie ie continue to be silent

weiterspinnen a o continue
spinning (a tale)

der **Weizenkeim** –e wheat germ

welch- which; what; some,
any, a few

welk wilted, limp

die **Welt** –en world; **auf der
Welt** in the world

weltfremd ignorant of the
ways of the world; "square"

wenden *(wk irreg.)* **wandte
gewandt** turn

die **Wendung** –en turn of expression, phrase

wenig little; **ein wenig** a bit,
somewhat; **weniger** less,
fewer

wenigstens at least

wenn if, whenever, when

der **Werbefachmann** –leute advertising expert

die **Werbung** –en propaganda,
advertising, commercial

**werden (wird) wurde gewor-
den** become, get; shall/will
(future); passive auxiliary

werfen (wirft) a o throw, cast

das **Werk** –e work, literary work

der **Wermut** vermouth

der **Wert** –e worth, value; **viel
Wert auf etwas legen** put
great value or importance on
something

wertvoll valuable

das **Wesen** being, creature; es-
sence, nature, character

der **Westdeutsche** –n West German

westlich western

die **Wette** –n bet, wager

wetten *(wk)* bet

das **Wetter** weather

wichtig important
Der Widerspenstigen Zähmung "Taming of the Shrew"
widersprechen (widerspricht) a o contradict
der **Widerspruch** ⁼e contradiction
widerspruchsvoll contradictory
wie how, as, as if; like
wieder again; **wieder einmal** once again
wiederentdecken *(wk)* rediscover
wiedererkennen a a recognize again
wiederholen *(wk)* repeat
wiedersehen sah wieder wiedergesehen see again; **auf Wiedersehen** good bye
wiederum again, in turn
wiegen o o weigh
die **Wiener Philharmoniker** Vienna Philharmonic Orchestra
die **Wiese** –n meadow
wieso how, in what way; why
wieviel how many or much
wild wild, unrestrained
wimmeln *(wk)* swarm, be crowded
der **Winkel** – corner
winklig crooked, twisted
der **Wind** –e wind
winken *(wk)* wave, beckon, signal, gesture
winzig tiny
der **Wipfel** – treetop, crown of a tree
wirken *(wk)* have effect, seem
wirklich actual(ly), real(ly)
die **Wirkung** –en effect, impact
die **Wirtin** –nen landlady

wirtschaftlich economic
der **Wirtschaftsteil** –e economic section
das **Wirtschaftswunder** – economic miracle
wischen *(wk)* wipe, brush, erase
wissen *(wk irreg.)* **(weiß) wußte gewußt** know
das **Wissen** knowledge
die **Wissenschaft** –en science, field of knowledge
der **Wissenschaftler** – scientist
die **Witwe** –n widow
der **Witz** –e joke; wit
witzig witty, funny
die **Woche** –n week
das **Wochenende** –n weekend
die **Wochenendfahrt** –en weekend trip
wofür for which, for what
woher from where, whence
wohin where to
wohl well; probably
der **Wohlstand** prosperity
die **Wohlstandsgesellschaft** –en affluent society
wohnen *(wk)* live, reside, dwell
die **Wohnung** –en apartment
der **Wohnungsschlüssel** – house key, apartment key
das **Wohnzimmer** – living room
das **Wölkchen** – small cloud
wollen *(wk irreg.)* **(will) wollte gewollt** want to, wish to, want; be about to, mean to, intend to, claim to
wollen woolen
worauf whereupon, at which or what
das **Wort** ⁼er/e word
das **Wörterbuch** ⁼er dictionary
die **Wortkette** –n chain of words

der **Wortklauber** – pedantic hair-splitter
wortlos speechless(ly)
worüber about which or what, whereof
wozu why, to what end
das **Wunder** – wonder, miracle
sich **wundern** *(wk)* wonder
der **Wunsch** ⁓e wish
wünschen *(wk)* wish
würde would
die **Würde** –n dignity
würdig dignified, worthy
würdigen *(wk)* honor
das **Würstchen** – little sausage; heiße **Würstchen** hot dogs
die **Wurzel** –n root
würzen (wk) *spice*
die **Wut** – rage, anger
wütend enraged, angry(ily)

der **Yankee** –s Yankee

zackig jagged
die **Zahl** –en number, statistic
zahlen *(wk)* pay
zählen *(wk)* count; **zählen auf** *(with acc.)* count on
zahlreich numerous
der **Zahn** ⁓e tooth
zart delicate
zärtlich tender(ly)
der **Zauber** magic, enchantment
die **Zehenspitze** –n tiptoe
zehn ten
das **Zeichen** – sign, signal
die **Zeichnerin** –nen artist
die **Zeichnung** –en drawing, sketch
der **Zeigefinger** – index finger
zeigen *(wk)* show
der **Zeiger** – clock hand
die **Zeile** –n line
die **Zeit** –en time

das **Zeitalter** age, era
zeitgenössisch contemporary
eine **Zeitlang** for a while
zeitlos always timely; always in style; timeless, enduring
zeitraubend time consuming
die **Zeitschrift** –en periodical
die **Zeitung** –en newspaper
das **Zeitungsgeschäft** –e business of running a newspaper
der **Zeitverlust** –e loss of time
das **Zelt** –e tent
der **Zentner** – 100 European pounds, 50 kilos
die **Zeremonie** –n ceremony
zerfließen o o melt, dissolve
zerknittert crumpled
zerreißen i i tear up
zerstreut confused, distracted
ziehen zog gezogen move, proceed; pull, draw; **es zieht** there's a draft
das **Ziel** –e goal, objective, target
ziemlich rather
zieren *(wk)* adorn, ornament
die **Ziffer** –n figure, numeral
die **Zigarettenschachtel** –n cigarette box
die **Zigarre** –n cigar
die **Zikade** –n cricket
das **Zimmer** – room
zirpen *(wk)* chirp
das **Zitat** –e quotation, citation
zitieren *(wk)* quote
die **Zitrone** –n lemon
zittern *(wk)* tremble
zögern *(wk)* hesitate; linger
der **Zollbeamte** (–n) –n customs guard, customs official
der **Zoologe** (–n) –n zoologist
zu to, toward; too; **zu Hause** at home; **zu Herzen** to heart, seriously; **zu Herzen nehmen** to take to heart

Zubereitung –zutrinken

die **Zubereitung** –en preparation
der **Zucker** – sugar
zueilen *(wk)* rush to
zuerst first
der **Zufall** ⸗e accident, chance;
  coincidence
zufällig by chance
zufrieden contented, satisfied;
  sich zufrieden geben content oneself
die **Zufriedenheit** satisfaction;
  zur Zufriedenheit satisfactorily
der **Zug** ⸗e draught; train
zugeben (gibt zu) a e admit,
  concede
zugehen, ging zu, zugegangen walk toward; happen,
  transpire, come to pass;
  zugehen auf *(with acc.)*
  walk up to
zugleich simultaneously, at the
  same time
die **Zugluft** ⸗e draft
zuhalten (hält zu) ie a close
zuhören *(wk)* listen to
der **Zuhörer** – listener
zuknöpfen knöpfte zu zugeknöpft button
die **Zukunft** future; prospect
zumeist *(wk)* mostly
zumuten *(wk)* demand, expect,
  require; **das kann ich ihm
  nicht zumuten** I cannot expect that of him
zunächst first of all, above all
zur = **zu der**
zurechtzimmern *(wk)* throw
  together
zurechtrücken *(wk)* adjust
zurück back
zurückkehren *(wk)* return,
  come back
zurückkommen a o come

back
zurücklehnen *(wk)* lean back
zurücknehmen (nimmt zurück) a o retract, take back
zurückschicken *(wk)* send
  back
zurückstellen *(wk)* put back
zurückwerfen (wirft zurück) a o throw back,
  toss back
zurufen ie u call (to)
zusammen together
zusammengeschrumpft
  shrivelled up
der **Zusammenhang** ⸗e connection; **in Zusammenhang
  bringen** connect, associate
zusammenhängen i a cohere,
  hang together
zusammenschließen o o join
  together, be combined
das **Zusammensein** togetherness,
  association
zusammensetzen *(wk)* compound, combine; consist of;
  put together
die **Zusammensetzung** –en compound, combination
zuschreien ie ie shout at
die **Zuschrift** –en letter, application
zusehen sah zu zugesehen
  watch
der **Zustand** ⸗e affair, condition
zustande kommen a o be
  realized, come about
zusteigen ie ie get aboard
zustimmen *(wk)* agree with,
  concur
zutreffen (trifft zu) a o apply to; be applicable
zutreten (tritt zu) a e *(with
  auf and acc.)* step up to
zutrinken a u drink to one's

health, toast
zuverlässig reliable
zuvor beforehand, before
zwanzig twenty
zwar to be sure; indeed
der **Zweck** —e purpose; end, objective
zwecks for the purpose of, with intention of
der **Zweifel** — doubt
zweifelhaft doubtful
zweifellos without doubt
die **Zweigstelle** —n branch, agency

zweit- second
zweiunddreißig thirty-two
die **Zwiebel** —n onion
der **Zwiespalt** —e discord, schism
der **Zwilling** —e twin
zwingen a u force, compel
zwinkern *(wk)* wink; **zuzwinkern** wink at
zwischen between, among
zwitschern *(wk)* twitter
zwölf twelve
die **Zwölferreihe** —n row of twelve
zwölfjährig twelve-year-old